龍樹——あるように見えても「空」という
構築された仏教思想

石飛道子

まえがき

仏教の開祖ゴータマ・ブッダ（紀元前六〜五世紀頃）の生涯は八〇年ほどであった。パーリ語経典『大般涅槃経《だいはつねはんぎょう》』の中で、ブッダは、スバッダという遊行者にこのように述べている。「わたしは、二九歳のとき、善なるものを求めて出家した。わたしが出家してから、五〇有余年の月日が経った。論理と法の地で活動してきた。これ以外のところには沙門《しゃもん》はいない」。みずから語るとおり、ブッダは、善なるものを求めて出家し、その後生涯、論理と法を友として人々にその教えを説き続けたのである。ブッダのこのことばは、本書において、何度もくり返し出てくることになるだろう。考察の基礎になる重要なことばである。

さて、ブッダ滅後およそ六〜七〇〇年経った頃だろうか、ブッダの教えを、伝統的にかつ革新的に受け継ぐ一人の人物が現れる。かれの名は、ナーガールジュナ（龍樹《りゅうじゅ》）、活躍年代は紀元後一五〇〜二五〇年頃とされている。何が伝統的だったのだろう。何が革新的だったのだろう。「伝統的」と「革新的」という、相反するような二つのことばが並んでいるのはどうしてだろうか。

伝統的だったのは、龍樹も、ブッダと同じように、善なるものを探し求め、そして、論理と法の地でずっと活動し続けたからである。かれは、ブッダが歩んで得てきたものをそのまま受け継いで歩んだのである。ブッダに深く帰依した龍樹は、ブッダの教えにひたすら忠実だった。そう断言してもよい。

そうならば、「革新的」というのはどのような意味だろうか。たしかに受け継いだものはブッダの教えにちがいなかった。ただ、かれがブッダとちがうのは、その実践の順序である。龍樹は、出家したあとまずめざしたのは、論理と法の地でずっと活動を続けることであった。それから後、善なるものへと向かったのである。ここが革新的な点である。

このちがいは、じつは非常に大きなちがいである。はじめに善なるものを求めて出家し、それから論理と法にしたがって実践する人を、ブッダは「沙門」（シュラマナ）と呼んでいる。「つとめ励む者」という意味で、一般的に出家修行者を指している。煩悩から解脱し心清らかになることをめざす人である。後代になると、とくにブッダの説くとおりに仏道の修行に励む出家者を声聞《しょうもん》と呼び、その実践の道を声聞乗などとも呼ぶようになるのである。
　では、最初に論理と法の地をめざして励み、それから善なるものを求めていく龍樹のような人は、何と呼ばれるのだろうか。かれは、菩薩《ぼさつ》（ボーディサットヴァ）と呼ばれる。悟りを求めて努力するもののことである。「菩薩」ということばは、じつはブッダも用いている。過去世も含め、悟る以前のみずからを「菩薩」と称している。したがって、ここから菩薩とは、いまだ煩悩を残しながら悟りをめざして努力するもので、ブッダになることを目標にするものをいうのである。ブッダとは、「目覚めたもの」を意味する称号である。

　こうして、菩薩の歩む道は、論理と法にしたがって実践していく智慧による道である。龍樹の時代にはこれを名づけて、とくに般若《はんにゃ》波《は》羅《ら》蜜《みつ》（プラジュニャー・パーラミター）と呼ぶのである。般若（プラジュニャー）とは「智慧」のことであり、波羅蜜（パーラミター）とは「完成」のことである。つまり、菩薩の歩む道は、波羅蜜行によって智慧を完成させる実践道なのである。そして、その智慧を人々の幸せのために用いるのである。これを利他行という。これが菩薩にとって「善なるもの」に進む道である。このような実践道は、後代菩薩乗といわれるようになる。

龍樹の時代は、仏教の中で、ブッダの頃の仏教とは大きく異なる変化が起こっていたのである。それは、大乗仏教と呼ばれる革新的な動きであった。龍樹菩薩は、伝統的な仏教である部派仏教や、外教徒《げきょうと》の説に理解を示しながらも、新興の仏教、大乗仏教の核心を仏教世界に論理的に決定づけた人物なのである。では、伝統的で革新的なかれの仕事ぶりをご紹介していこう。

目次

第五章　無諍の立場と菩薩行……99

装幀＝大竹左紀斗

第一章

龍樹伝説と龍樹の主要作品

1　謎の人物龍樹

さて、あらためて龍樹菩薩をご紹介したい。

長い仏教の歴史の中で、かれほど評価の分かれる人物もいない。また、かれが何を説いたのかということになると、かれほど種々に解釈される人物もいない。ほんとうに、どれほど学者や研究者、あるいは、仏教の学徒たちを泣かせてきたかわからないほどである。

しかしながらまた、仏教内部では、ブッダ以後かれほど思想的に多大な影響を与えた人物もいないのである。龍樹以降の仏教で、龍樹を通らずに歩みを進めてきた仏教は一つもないといってもいいのではないだろうか。大乗仏教、密教に大きな影響を及ぼし、また、世界へと目を転ずると、インドはもちろん、中国、朝鮮、日本、チベットへとその影響は広汎に拡大している。

それでは、これまで知られている龍樹の活躍とその思想を、少し見ておこう。

まず、龍樹は、大乗仏教中観派《ちゅうがんは》の開祖として知られている。また、仏教の偉大な論師として部派仏教や外教徒たちの説を排斥したと伝えられている。かれ独特の論法を駆使して異説を打ち破り、多くの人々を仏教へと導いた。

そして、何と言っても特筆すべきは、ブッダの時代には強調されなかった仏教の哲理「空」を確立した思想家である、という点である。本書のタイトル「あるように見えても「空」という」とあるように、「空」（シューニヤ）は、つかみどころがなく、案外むずかしいことばである。意味の上では、簡単に「空っぽ」と言われる。「有る」に対して、「無い」ということを言おうとしているように見えるため、「空」を説く思想は、虚無論と誤解されることもしばしばである。

論法と、「空」の哲理の二つをかかげて、龍樹は、仏教の表舞台に登場してきたのである。そして、これらの難解さと微妙さのために、龍樹の説くものは、仏教の中でももっとも理解のむずかしいものとされる。このような難解なかれの理論のためか、わたしたちは、虚無を説く冷徹で厳しい論法家という印象をもつことも多い。また、独特の論法を用いて他の人々と対話したので、理解できない人々から詭弁論者とされることもある。

さて、その一方で、かれの菩薩としての側面も注目される。龍樹は、さまざまな大乗経典に註釈や解説を著し、また、菩薩行についてもさまざまな著作がある。ここからは、利他に徹する大悲にあふれた龍樹の姿が垣間見えるようである。一般の人々にわかりやすく善悪を説いて、苦しみを取りのぞく仏教の教えを浸透させようと努力している点も見逃せない。

以上が、龍樹像として知られる概略である。どうもわかりにくい人物像である。理論家としては、他を論法で圧する冷たい厳しい側面が強調されるきらいがあり、一方、菩薩である実践家としては、人々のために努力する慈悲深い側面も見られるのである。この二面性は、龍樹を理解する上では混乱のもとである。本書の課題としては、この点を何とか解決していくようにお話ししたい。

またもう一つ、これまで龍樹にかんする問題としては、ブッダの教えと龍樹の説くものとが、どのように関係しているのか明確ではなかったことがあげられる。これは、大乗仏教とブッダの教えとがどのように関係するのかということにもつながってくるだろう。本書では、この点も明確にしたい。龍樹は、ブッダの教えの後継者であるということを論理によって明らかにしよう。

2『大般涅槃経』は道しるべ

そこで、本書ではこれからお話しする内容について、わかりやすいように道しるべを示しておきたい。

道しるべとなるのは「まえがき」で取りあげた『大般涅槃経』の一節である。もう一度簡単に述べると、ブッダは二九歳のとき善なるものを求めて出家し、その後生涯にわたって論理と法の地で活躍した。「論理と法の地」の「地」とは、文字どおり国土や地方という意味である。したがって、「論理と法の地で活躍した」とは、遍歴遊行するブッダが足をおろした場所、そこは、論理と法が行きわたるところとなったと理解するとよいだろう。ブッダは、たんなる理論家だったのではなく、行く先々で論理と法を説いて人々を救ったのである。かれは、論理と法の実践家であった。

では、龍樹についても、これを道しるべに考えよう。龍樹の場合は、ブッダと順序が逆だった。論理と法の地で活動し、その後、善なるものを求めたのである。論理と法の地で活動するところには、ブッダと同じように、理論家というだけではなく実践家としての側面も見なければならない。実践家という点に注目するなら、かれの菩薩行が、すでにその中にもあることがわかるだろう。冷たい詭弁論者龍樹のマイナスイメージを払拭できるのではないだろうか。

また、もう一つの問題点、ブッダの教えをどのように龍樹は受け継いだのかについて語るときも、この『大般涅槃経』の一節を活用しよう。ブッダから龍樹へ、流れるようにその教えは移行していったことがわかるだろう。いたるところでこの経典の一節は、道しるべとなって、仏法の理解を手助けしてくれるだろう。

では、もう少し、龍樹についてこの経典をたよりに説明していこう。龍樹は、論理と法の地を歩み続け、その後、善なるものへと向かったと述べたが、これは根拠なく述べたのではない。論理と法をまず求めていくのは、菩薩の特徴なのである。

ブッダは、邪命外道《じゃみょうげどう》のウパカという人に、みずからを一切勝者であり一切智者であると語っている（「聖求経《しょうぐきょう》」『マッジマ・ニカーヤ』第二六経）。善なるものを求めて、煩悩から解脱し、一切に打ち勝った者、すなわち、一切勝者となったのである。そして、論理と法を追及して、一切を知る者、すなわち、一切智者となった。したがって、ブッダのことばを根拠にすると、論理と法をまず追及する菩薩は、主として一切智者をめざすということになる。

このことは、龍樹作とされる『十住毘婆沙論《じゅうじゅうびばしゃろん》』中でも確かめられる。そこには、『清浄毘尼方広経《しょうじょうびにほうこうきょう》』を引用して「菩薩は、一切智者性の心については、すべての声聞や辟支仏《びゃくしぶつ》より勝っている（菩薩以是薩婆若多心能勝一切声聞辟支仏）」とある。ちなみに、辟支仏とは、師をもたず一人悟るもので、教えを説くことがないものをいう。一人悟るものという意味で、独覚《どっかく》と言われることもある。このように、菩薩は、声聞や辟支仏（独覚）にはない特徴がある。それは、一切智者をめざすところから来るのである。龍樹もまた、一切智者の道を選んで歩んだのである。かれの伝記で確かめてみよう。

3　龍樹の誕生・龍樹の出家

人の一生はさまざまなできごとであふれている。しかし、仏教の理法（ダルマ）の中で生きている人の一生はきわめて単純である。龍樹の生涯を語る前に、まずお手本にブッダの生涯をトピックだけ見てみよう。

一番最初の大事なできごとは、誕生である。この世に生を受けること、これは、仏教の考え方では、とくに必然性をもったことがらである。なぜなら、わたしたちは、生と死をくり返す輪廻の生存であるからである。いずれブッダとなる一人の人ゴータマも、輪廻の生存であった。だから、かれはこの世に誕生した。

誕生が必然なら死も必然である。しかし、ここには問題がある。ゴータマは、悟った人、覚者（ブッダ）なのである。悟った人には、悟った人の「死」がある。死は、ふつうの人のように突然にやってくることがらではない。『大般涅槃経』の中では、「死」はブッダがみずから選びとるできごととして描かれている。ブッダの「死」は入滅とか般涅槃と呼ばれ、悟った人の到達した境地でもある。

誕生と入滅の二つの他に、仏教にとって大事なできごとは、沙門ゴータマが悟りをひらいてブッダになったときである。大悟成道といわれる。ゴータマ個人のできごとである。それから大事なできごとは、初めて仏法を世に広めるべく説法を行ったときである。五人の比丘に法を説いた。これを初転法輪《しょてんぼうりん》と呼ぶ。生類にとっての重要なできごとである。以後は、入滅まで一貫して法を説いて人々を救ったのである。わずか四つのできごとでブッダの一生は語ることができる。

それでは、ブッダにならって龍樹の生涯も見ていこう。誕生と死の二つは語らねばならない。それから、龍樹にとっては出家のいきさつも大事である。これは個人的なできごとである。それから、修行をしていく中で、一つの境地、無生法忍《むしょうぼうにん》を悟る。無生法忍とは、一切が空であり生ずることもなく滅することもないという真理を認めて、そこに安住することである。ここはわたしたち生類にとって重要である。そこから、本格的な菩薩行が開始されるからである。こうしてみると、やはりできごととしては、四つですんでしまうようである。

では、鳩摩羅什《くまらじゅう》訳の『龍樹菩薩伝』ならびに吉迦夜《きつかや》・曇曜《どんよう》訳の『付法蔵因縁伝《ふほうぞういんねんでん》』に伝えられるところからトピックを抜き出して解説しよう。

まずは誕生である。龍樹は、南インドの大富豪のバラモンの家に生まれた。生まれたのがアルジュナという樹の下であったことと、後に大龍菩薩によって道を悟ったので、ナーガールジュナ（龍樹）と呼ばれるようになった。ナーガは、サンスクリット語で、蛇を意味するが、漢訳では「龍」と訳された。かれは生まれつき聡明で、バラモンが学ばなければならないヴェーダと言われる膨大な知識もたちまち体得してしまった。二〇歳の頃には天文学、地理学、占星術や道術（武術など）など、修得していないものは何もなかった。

このようにすべての学問と道術を身につけた龍樹は、することがなくなってしまい、仲間と語らって世俗の快楽を追求することにした。そこで、身を隠す隠身の薬を手に入れて王宮に忍び込み、宮中の美女たちを誘惑した。そうこうするうちに事が発覚し、仲間は切り殺されて龍樹一人ようやく逃げ出した。この危難の最中に、龍樹は初めて「欲は苦のもと」と悟り、ここを抜け出せたら「沙門を尋ねて出家の法を受けよう」と心に誓うのだった。

これが、誕生と出家のエピソードである。重要なことは、愛欲を追及してそこから「欲は苦のもとである」と知ったことである。そして、もう一つ大事なことは、沙門のもとで出家をしたということである。当時の様子はよくわからないが、沙門ということは、一応ブッダの教えをそのまま守る部派仏教で出家をしたと見ることができるだろう。

龍樹はたちまち経典を読誦して、インド中の経典や論書に通達してしまった。それでも、もの足りずインド中を巡り歩いて北インドに行き、とうとう雪山《せっせん》（ヒマラヤ）に向かい、一人の比丘に出会って、かれから大乗の経典を授けられたのである。この経典は、初期の龍樹の作品などから類推して、空を説く般若経典だと思われる。真摯に、かつ、貪欲に仏法を求める龍樹の積極的な姿勢が印象的である。

4　龍樹の悟り

次に、もう一つ、何でも一生懸命の龍樹は問題を起こすのである。これはなかなか解釈がむずかしい話であるが、重要なエピソードであると思うのでお話ししてみよう。

龍樹は、弁説の才に長けていたので外教徒の沙門たちを打ち破り、かれらに頼まれて師の役を引きうけた。そして、龍樹はみずからを「一切智人」（一切智者）と称した。それを聞いて、弟子が龍樹に「先生はいつも一切智人とおっしゃいますが、ブッダの弟子になっています。弟子は、師から足りないところを教わるので、一切智人とは言えません」と言った。こう言われて、龍樹はすっかり意気消沈してしまう。

龍樹は、そこで思いめぐらした。仏教の経典は優れているけれど、ことばが尽くされているわけではない。わたしは仏教の教義をさらに敷衍して説き、人々の利益になるようにしよう。龍樹はこう考えると、すぐ実行しようとした。かれは戒律の師を選び、戒律を授けさせた。さらに、僧服も作った。そして、仏法を伝えさせたが、それは、今までの仏法とは少し異なるものだった。

さて、ここをまとめると、智慧にあふれた龍樹は、みずからを一切智人と呼ぶまでに仏法を深く理解したのである。弟子に「一切智人ではない」ととがめられて、仏教改革と呼ぶべき行動を起こそうとしているようである。それも、自分の見栄やおごりのためではなく、ただただ人々の利益のためにそうしようとしているようである。

読者諸氏もおわかりだろう。龍樹は、菩薩の歩む道に向かい始めているようだ。一切智人と称し、人々のために仏法を自分なりにことばを尽くして語ろうとしているのである。善いことのように思うが、どこか問題があるのだろうか。

現実には「問題あり」と判断されたようだ。なぜなら、龍樹は、沙門(声聞)として出家しているからである。沙門とは、すでに述べたようにブッダの教えのとおりに修行に励む者を指すことになっている。だから、龍樹のしていることは、沙門の道からはずれる行為とみなされるだろう。伝記の中でも、この点を見逃さず、一切智人と称した龍樹を「高慢になった」と解説している。沙門の道を行くなら、一切智者ではなく一切勝者をめざすはずだからである。

ただ、これは一つの解釈である。龍樹の立場は非常に微妙である。「沙門」の本来の意味「つとめ励む者」ということから考えれば、さらに龍樹の内面的必然性を重視すれば、筆者自身は、龍樹の行為もむげに否定はできないように思う。

また、静谷正雄氏によれば、この頃部派仏教でも、ブッダをめざす菩薩道が特定の優れた人に開かれていると考えられるようになってきていたようである。とくに、ガンダーラ地方の部派仏教では、多少そのわくがゆるめられて、ふつうの人にも菩薩道が勧められたのではないかとの推測もなされている（『クシャーナ時代の西北インドの仏教』二四頁）。思想が変化しつつある流動的な地点に、龍樹がいたことはたしかである。

それはともかく、さあ、そこでどうなったのであろうか。伝記はそこで、突如大龍菩薩の名をあげる。大龍菩薩は、龍樹がこのような状況にあるのを憐れんで、神通力でかれを大海の龍宮に連れて行き大乗の深遠な経典をすべて与えた。龍樹はこれらを九〇日間読み続けたけれど、すべてを読み尽くすことはできなかった。しかし、龍樹は、このとき「一相」の理を理解して豁然《かつぜん》と無生法忍の悟りに達するのである。

ここに、大乗仏教徒、龍樹菩薩が誕生したのである。部派仏教徒の行く沙門（声聞）の道を捨て、人々を救うためみずからブッダとなるべく、菩薩の歩む道にはっきりと軌道修正を果たすのであった。これが、龍樹の悟りのエピソードである。

ここで、おそらく疑問もわくだろう。大龍菩薩は実在の人なのだろうか、ほんとうに、大海に龍宮があったのだろうか。この点は、残念ながら不明である。しかし、実際に起きたことがらを何らかの形で反映していると、筆者は考えている。龍樹著作として残された作品を検討すると、著作から知られることがらは伝説にそっているように思われるからである。のちに龍樹著作を語るときいくらか明らかになるだろう。

5　龍樹の活躍とその死

こうして、多くの大乗経典を得た菩薩の龍樹は、このときから死ぬまで利他行に邁進することになる。

かれは、仏教の教えを広めるために活動を開始した。時に、南インドの王はバラモン教を信奉していた。そこで、龍樹はかれのもとで仕え、王に自分は一切智人であると伝えたのである。偉大な論議師でもあった王は、龍樹と議論をして完全に感服してしまい、龍樹を敬い尊んでかれの教化を受け入れた。この王については、シャータヴァーハナ朝の王であると考えられている。しかし、具体的な名前が明らかになるまでにはいたっていない。

こうして、この地で数多くの外教徒と論争して打ち負かし、かれらを改宗させ仏教の教えを広めたのである。

そして、龍樹の死についても一つエピソードがある。部派仏教の法師が、龍樹の才能を見ていつも心に怒りを抱いていた。龍樹は、なすべきことをなし終えてこの世を去ろうとしていたとき、この法師に「わたしがこの世に留まることを望むか」と尋ねた。すると、法師は「全然望まない」と答えた。龍樹は、空き部屋に入って何日も出てこなかった。そこで、中を覗くと、蟬が抜け殻を残して去るように龍樹は去っていた。インドの諸国ではみな、かれのために廟を建て種々の供養をし、まるでブッダを敬うかのようであった。

これが、龍樹の死についての伝記である。菩薩やブッダは人々のために生きる人である。したがって、他者によって請われて生きるのである。かれらの寿命は、みずから自在にできると考えられている。だから、なすべきことをなし終えてしまったら、龍樹にしても、ゴータマ・ブッダにしても、いつこの世から去ってもいいのである。そのとき、誰かが「もっと長生きしてください」と頼むなら、かれらは寿命を延ばしてさらに人々のために教えを説くだろう。しかし、誰も望まないのなら、かれらはこの世を去る。部派仏教の法師は、龍樹がこの世に留まることを望まないと答えたので、龍樹はこの世を去った。

ここで「蟬が抜け殻を残すように」というのは、身体は残して心が身体から去っていったことを意味しているのだろう。つまり、龍樹菩薩の場合、輪廻の生存であることを示している。菩薩は、煩悩を完全に断つことなく気の遠くなるような果てしない年月輪廻を重ねて、ブッダとなることをめざすのである。

これが、龍樹菩薩の一生である。かれがどれほど菩薩として人々のためにはたらいたか、最後のことばでわかるだろう。龍樹菩薩は死後もブッダに等しい尊敬と供養を受けていた、とある。

6　龍樹の主著『中論頌』

龍樹は、非常に長命の人であったとされる。およそ紀元後一五〇～二五〇年、その寿命はほぼ一〇〇年と見積もられている。長い人生の間、多くの書を残したと伝えられる。たくさんの書がかれに帰せられているが、龍樹がほんとうに著したかどうかわからないと疑われる書も多い。このように疑われるものもあるが、それらの中で、とくに重要と思われる作品を、今述べた伝記とあわせて整理しながらあげてみよう。

龍樹作とされる多くの書の中で、龍樹作を疑われることのない作品がただ一つだけある。それは『中論《ちゅうろん》』あるいは『中論頌《じゅ》』と一般に呼ばれている書である。現存する作品は、一定の韻律をもつ詩の形で書かれた部分とそれに対する註釈とからなっている。詩の部分が、龍樹の作で、註釈の部分は、他の人が著したものである。註釈は、あとに示すように、たくさんの人が著している。その中でも、我が国では、青目《しょうもく》の註釈につけられた『中論』の呼び名が人口に膾炙しているので、龍樹の作品もこの名で呼ばれることが多い。また、『中論頌』と言われるときは、龍樹の著した詩のみを抜き出して指している。「頌」とは、詩を意味する。ここでは、『中論頌』という呼び名を用いておこう。これに対する註釈は、次のようなものがある。

青目註（『中論』鳩摩羅什訳）（漢訳）
龍樹註（『無畏論』）（チベット語訳）
無著《むじゃく》註（『順中論』瞿曇般若流支《くどんはんにゃるし》訳）（漢訳）
安慧《あんね》註（『大乗中観釈論』惟浄《ゆいじょう》等訳）（漢訳）
バーヴィヴェーカ（清弁《しょうべん》）註（『般若灯論』波羅頗蜜多羅《はらはみたら》訳）（漢訳、チベット語訳）
ブッダパーリタ（仏護《ぶつご》）註（『根本中論註』）（チベット語訳）
チャンドラキールティ（月称《げっしょう》）註（『プラサンナパダー』）（サンスクリット本、チベット語訳）

『中論頌』は、全部で二十七章、およそ四五〇弱の詩からなっている。龍樹独特の論法や語法を駆使して書かれたもので、戯論寂滅《けろんじゃくめつ》の境地を、ことばを通して描いていくものである。戯論寂滅とは、想いやことばなどがすっかり絶えてなくなってしまうことである。どんどん想いやことばが捨てられていく道筋が、ことばを通して説かれている。そこで用いられる論理は中道である。『中論頌』という名前はこの中道からきている。ここには、空の立場がよく示されている。

『中論頌』は、ブッダの説いた教えとは似ても似つかないように見える作品である。この作品は、伝記の中では、どのエピソードに対応するかわかるだろうか。先に「4　龍樹の悟り」の項の中で、龍樹は、仏教の経典は優れているけれどことばが尽くされているわけではないと考えた、と述べた。そして、人々のために仏教の教義をさらに敷衍して説こうとしたのであった。ここに対応するのが『中論頌』と考えられる。だから、ブッダの説くところとは似ても似つかないように見えるのである。

『中論頌』は、一切智者である龍樹の実力が余すところなく発揮された高度な仏教の論書である。ブッダの教えから逸脱するように見えながら、しかし、じつはブッダの論理と法から展開されたものである。そのことは、縁起を説くブッダに帰命すると述べる帰敬偈《ききょうげ》からも知られる（五四頁参照）。帰敬偈とは、ふつう書物の冒頭におかれるもので、ブッダや菩薩などに帰依礼拝を述べた詩のことである。『中論頌』の場合は、本の最後にも帰敬偈が説かれている。

さて、註釈の一番最初に青目という人がいるが、かれは仏教徒ではなく外教徒のバラモンとされている。伝記の中で、龍樹は外教徒の師にもなったと書かれていたが、『中論』の註釈者がバラモンであることから伝記の内容とあっている。青目の註釈を含めた『中論頌』の和訳は、三枝充悳氏の『中論――縁起・空・中の思想』全三巻で読むことができる。この書は、サンスクリット語の原典と漢訳も載っていて、学問的に親切な書である。

7　仏教論師の仕事

龍樹には、『中論頌』と関連してさまざまな論法や論理にかんする書がある。それらをまとめてあげておこう。

『方便心論《ほうべんしんろん》』（漢訳）
『廻諍論《えじようろん》』（サンスクリット本、漢訳、チベット語訳）
『ヴァイダルヤ論』（チベット語訳）

『方便心論』は、龍樹が無我や空という仏教の立場を明らかにしようと、カニシカ王の侍医であった内科医チャラカに対して著した論法の書である。チャラカの論法にあわせる形で龍樹論法が解説されている。龍樹論法は、ブッダの教えを伝える「阿含経典」の中からすべて抽出されたものである。チャラカとの討論や龍樹論法の詳細については、拙著『龍樹と、語れ！——『方便心論』の言語戦略』が詳しい。

『廻諍論』は、チャラカの後継者であるニヤーヤ学派や、説一切有部《せついっさいうぶ》などの部派の思想に対抗して、空の哲理を明らかにする作品である。詩と註釈からなっている。『ヴァイダルヤ論』は、ニヤーヤ学派の根本教典『ニヤーヤ・スートラ』を空の立場から批判する作品で、仏教の立場が示される。要点をまとめた短文（スートラ）と註釈からなっている。

これらの書は、外教徒や部派仏教の中の反対派に向けて、論理によってブッダの法を説明したものと言えるだろう。端から見ると論争しているようにも見えるが、実際には、思想や立場の相違をはっきりさせようとしているだけである。龍樹は、ブッダの説く「論争してはならない」という教えをしっかりと受け継いでいる。この点はあとで触れよう。

この他に、縁起と中道の論理を用いて、大乗仏教における空の立場を明らかにした書がいくつかある。

『六十頌如理論《ろくじゅうじゅにょりろん》』（漢訳、チベット語訳）
『空七十論《くうしちじゅうろん》』（チベット語訳）
『十二門論《じゅうにもんろん》』（漢訳）

『六十頌如理論』は、『中論頌』と同じように詩で書かれている。そして、また、『中論頌』と同じく、ブッダへの帰命を説く帰敬偈をもつのも一つの特徴である。縁起を基本において中道へと向かい、善悪から空性《くうしょう》へブッダの教えの意図にそって論理を展開したもので、涅槃への道を示すものである。『中論頌』の内容を修道論的に簡潔にとらえ直したものとも見ることができるだろう。

『空七十論』は、空性について七十三の詩と註釈からなる作品である。月称によると、この書は「幻の如く、夢の如く、ガンダルヴァの城の如く、生はこのようであり、住はこのようであり、滅はこのようであると喩えられる」という『中論頌』(七・三四)の論難と解答を含み、『中論頌』から論理を展開したものとされる。したがって、反論者の論難に対して応答するという形で著されている。涅槃へと導くという観点から、空の効用を語る作品である。

『十二門論』は、大乗の深義を空の一法で説くもので、十二の門から入る小品である。詩と註釈とからなっている。諸法が本性上空であることから、まず、原因の中にすでに結果があるのでもなくないのでもないと、因縁から生じないこと(因縁無生)を説いて、その後、空・無相(形・姿のないこと)・無作(なすことがないこと)の三解脱門に向かうものである。龍樹真作が疑われているが、『中論頌』などの龍樹作品とも深く関連し、また、龍樹独特の論法や語法が縦横に駆使されるので龍樹作であろう。

8 大乗菩薩の仕事

龍樹の人生を見ると、仏道修行の前半は、論法や空の理論をあつかう仏教論師の仕事ぶりが目立っている。『中論頌』や各種の論法の書は、比較的初期の作品とみなされている。一切智者の道を歩む龍樹は、伝記からもわかるように、まず北西インドを中心にして活躍していたと考えられる。

それから、菩薩行が本格化する人生の後半は、南インドへとその活躍の場を広げていくのである。たくさんの菩薩行の実践にかかわる著作がある。後期の作品として、まず『大智度論』をあげてみよう。

『大智度論《だいちどろん》』（漢訳）

『大智度論』は、『大品般若経』の註釈である。これは、漢訳だけが伝えられており大部の作品である。訳者の鳩摩羅什は、中国では簡素が好まれるとして第二品以下を抄訳しているので、実際にはさらに膨大な著作であったことがわかる。

『大智度論』には、さまざまな龍樹作品のエッセンスがすべて注ぎ込まれた感がある。般若経典の註釈にとどまらず、仏法にかんするありとあらゆることがらが自在に説かれているため、よく仏教の百科全書といわれる。中国や日本で非常によく読まれた。大乗仏教を受用したこれらの国々で、ブッダの説いた法をうまく吸収できているのは、この『大智度論』によるところが大きいのではないかと筆者は考えている。

『大智度論』は龍樹作を疑う人もいる。しかし、縦横に説きながら常に論理的にまったく破綻がないのが、龍樹作を確信させる。龍樹の解明したブッダの論理が、平易な語り口で説かれた喩えや詳細な解説の基礎におかれていて、ブッダの教えと大乗の思想が融和している。

あとは、菩薩行にかんする作品をあげておこう。

『十住毘婆沙論』(漢訳)
『菩提資糧論《ぼだいしりょうろん》』(漢訳)

『十住毘婆沙論』は、『華厳経《けごんぎょう》』の「十地品《じゅうじぼん》」(『十地経』)の註釈とされ、抄訳である。鳩摩羅什の訳とされているが、仏陀耶舎《ぶつだやしゃ》が口誦《くじゅ》したものを鳩摩羅什と共に訳したと伝えられる。菩薩行の十の階梯(十地)のうち、初地と第二地を解説している。詩と散文の解説からなっている。実際には『十地経』のみならずさまざまな大乗経典の大乗菩薩道の所説を取りあげているので、『十地経』の註釈書というより独立の論書と見るべきとする説もある。瓜生津隆真氏の『龍樹――空の論理と菩薩の道』に詳しい。これも龍樹作が疑われる作品だが、瓜生津氏は少なくとも詩の部分は龍樹作とし、それは「諸経要集」(スートラ・サムッチャヤ)と呼ばれていたのではないかと推測している。

『菩提資糧論』は、菩薩が悟りを得るための糧(資糧)を説くもので、詩と散文の解説からなっている。詩の部分が龍樹作で、散文の解説は自在比丘による。

他に、シャータヴァーハナ朝の王にあてた韻文書簡の形をとった二作品がある。仏教の立場から王に政道論を説くものである。『龍樹菩薩伝』に、龍樹は国王を導かなければその国では正しい道は行われないと考えた、という記述がある。国王を教化することによって民のすべてにまで利益が及ぶということだろう。したがって、国王だけではなくその国の人々のために著された書と見ることができる。大乗仏教の思想の要点が簡潔に述べられており、倫理的な実践も具体的でわかりやすく説かれている。

『宝行王正論《ほうぎょうおうしょうろん》』（サンスクリット本『ラトナーヴァリー』は部分。漢訳、チベット語訳）

『勧誡王頌《かんかいおうじゅ》』（漢訳、チベット語訳）

この他にも、小品として『因縁心論』『四讃歌』『大乗二十頌論』『大乗破有論』『壹輸盧迦論《いっちゅるかろん》』などの作品が龍樹に帰せられている。

第二章

ブッダの縁起と龍樹の中道

1　論理と法の地で

龍樹についてお話しする前に、手始めにブッダから龍樹への思想の流れをおさえておきたい。一般的に概説書などでは、ブッダの説く「縁起」に対応して、龍樹には「空」が特徴づけられる。この「空」とは、何だろうか。思想だろうか。論理だろうか。縁起と空の二つは対応関係にあるのだろうか。

それをはっきりさせるために、あの『大般涅槃経』の「道しるべ」のことばを、また、持ちだそう。ブッダも龍樹も「論理と法の地で活動し」ていたのであった。この「論理」と「法」ということばに対応するものをそれぞれ見つけてみよう。

ブッダにとって、論理とは何で法とは何であろうか。論理というのは、それを用いて世の中を解釈する原理や原則で、ものの見方と言ってもよい。読者諸氏なら、何をあげるだろうか。仏法の根幹におかれていて仏教世界を貫く論理といえば、それはやはり先ほどもあげた「縁起」であろう。これ以上適切なものはないだろう。

では、ブッダにとって法とは何だろうか。法（ダルマ）とは、この場合「教え」という意味にとっておこう。ブッダの教えを端的に示すことばとしては、「無我」（自己ならざるもの）がふさわしいのではないだろうか。「縁起」から導かれ仏教の特徴をよく表すことばである。そして、これは他の思想や宗教では積極的に説かれることがほとんどないものである。

では、龍樹にとって、論理は何で法は何であろう。龍樹の説く論理は、『中論頌』の冒頭の帰敬偈にも示される「中道」が特徴的である。中道も、ものの見方になるので論理である。それでは、法とは何か。ブッダの「無我」に対するものといえば、やはり「空」をあげるのが適切だろう。「空」は大乗仏教を特徴づける。そしてまた、無我と同じく、他の思想や宗教では積極的に取りあげられることが少ない。並べて書いてみよう。

	【論理】	【法】
ブッダ：	縁起	無我
龍　樹：	中道	空

ブッダの縁起に対しては龍樹の中道、ブッダの無我に対しては龍樹の空というのが、対応関係としてはよいだろう。それにしても、論理も法も、それぞれがまったくちがうことばである。両者の間には、何らかの共通性や関連性があるのだろうか。縁起と無我は、当然ブッダの説くものとしても、中道や空はどうなのだろうか。

じつは、これら四つのことばは、みなブッダの説く教えの中に入っている。経典をよく読むと、目立たないが中道と空はしっかりと説かれている。後に詳しくお話しするが、とりあえずこれらの用語がどういう関係にあるのか、その構造を見ておこう。

2　縁起と無我

ブッダは変化を説く哲学者である。絶えず移り変わっていくものごとを、その変化のままに表す方法が、縁起という見方である。「縁起」は、「(何かに)縁《よ》って起こる」ということである。あるものを原因として何か別のものが生じてくる関係をいうのである。簡単にいうと、因果関係ということになる。これは、世間一般の見方を反映しているので、わたしたちでもよくわかる。

わたしたちは、さまざまなできごとが必ず何らかのものを原因として起こってきていることに気づくだろう。このように気づくなら、この世のできごとが次々起こってくるありさまをあるがままに見つめて、原因から結果への変化ということを知るのである。この変化を知る論理が「縁起」なのである。

そして、この世のものは何でも変化することを知っていくと、この変化は、自分自身にもあてはまることがわかる。そうなると、自分自身の身体や心も、縁起という関係のもとにあると知るのである。そうなら、変わらない「自己」と思っているものは、変化する世界の中のどこにも位置づけられないことがわかるだろう。これを示すのが、「無我」(自己ならざるもの)ということばである。現象する世界のどこに変わらぬ「自己」(アートマン、我)があるだろうか。変化する世界においてはどんなものも「自己ならざるもの」(アナートマン、無我)であって、結局のところ、変わらぬ「自己」はないと知るのである。

ここまでは、世間一般の人の考え方でじゅうぶん考えられることである。ブッダが縁起を論理とし無我を法として世の中を進んでいくかぎり、かれのことばに耳を傾けない人はいないだろう。実際に、多くの人はブッダのことばに救われたのである。ブッダは、この縁起の論理と無我の法にしたがって、人々の悩みや苦しみを説明し、それを解決していく方法を説いたからである。ブッダは、人々に善い原因から楽なる結果が生まれ、悪い原因から苦しい結果にいたると善悪を説いた。そして、この縁起を用いて、苦しみを滅していく方法を教えたのである。

3　中道と空

では、中道という論理についてはどうだろうか。中道については、ブッダは世間の人々には語らなかった。これは、ブッダが仏法に帰依する出家修行者向けに専用に語った論理なのである。

中道は、わたしたちの想いやことばの中に見られる一種の「縁起」である。縁起の理法のヴァリエーションとも言えるものだが、ふつうの人には見つけだすことがむずかしい関係である。だから、修行者たちにだけ語ったのである。

中道の詳細は、後にお話しするとして、ブッダの説いた中道がどこにあるか見てみよう。ブッダは、中道という見方を、八正道という修行道の中で説いたのである。だから、一般の人は知らなかった。ブッダは、中道を「極端な快楽や極端な苦行に行くことなく、いずれにもよらない道を行きなさい」という教えとして説いたのである。中道は、二つの極端（辺）のいずれにもよらないことをいう。この道を行くなら、煩悩からの解脱が得られる。

これは、現象世界をいくら眺めていてもなかなか見つけられない。自分の生き方の中で見つけていく見方なのでこの論理は目立たない。心のあり方についての論理と言ったらいいだろうか。そこで、この論理を身につけるために仏弟子たちは瞑想の修行もあわせて行うのである。

ブッダが説いた中道は、苦と楽の二つの極端を避ける道（苦楽二辺の中道）の他に、いくつかある。その中から一つあげよう。それは、カーティヤーヤナ（カッチャーヤナ）に語った「すべては有る」という極端（辺）と「すべては無い」という極端のいずれにもよらない道（有無二辺の中道）である。これら二つの極端は、想いやことばの中に見られる定まった見解（＝「極端」）である。しかしながら、これについては、詳しいことは仏弟子たちにもほとんど何も語らなかったのである。

そして、ブッダは、「有る」「無い」のいずれにもよらない中道を詳しく説明する代わりに、禅定について「空性の住処《じゅうしょ》」と名づけるやり方を仏弟子たちに教えた。これは、瞑想している人の「想い」の中に何があるのか、あるいは、何がないのかを観る方法である。空無《くうむ》辺処《へんじょ》、識無《しきむ》辺処《へんじょ》というように、禅定が段階をおって進むごとに、前の禅定の中にある不安な想いは次の禅定ではなくなっていく。そのとき、なくなった不安について、想いの中には「空」（空っぽ）であると観るのである。ブッダは、瞑想にかんして「空」を教示したのであった。

こんな風に、ブッダは、人々の能力や資質にあわせて段階的に教えを説いていたのである。縁起と無我は、わたしたちのような世間一般の人にもわかる論理と法である。だから、これらにしたがって多くの人々を導いた。一方、弟子たち専用に説いた論理は、苦と楽の二辺によらない中道である。これは、修行の中で獲得していく論理であって、一般の人には身につけるのが簡単ではなかった。だから、弟子たちだけに説いた。

さらに、中道のうちでも、「有る」と「無い」のいずれにもよらない、という有無二辺の中道にかんしては、弟子たちにすら説明するのをやめてしまった。そして、ブッダは、実質的に同じ効果のある「空性の住処」という禅定によって、空性を身につけるように勧めていたのであった。このように、三段階に分けて説いたのである。

4　有無二辺の中道は菩薩の道？

では、もう少し話を進めよう。縁起の理法になれてくると、そこから自然と意識されることがある。それは「順序」ということである。この世のできごとは前のものを原因として後のものが生じてくる。すなわち、できごとは、原因と結果によって順序づけられていくのである。だから、縁起を熟知することは、事の起こる順序に気づいていくことに他ならない。

それでは、今、ブッダの三段階の教示にも順序をつけてみよう。最初の段階では、一般の人にもわかる縁起と無我を説き、次の段階では、沙門の道を行く弟子たちに苦楽二辺の中道を説いた。三番目の有無二辺の中道については、ブッダは、カーティヤーヤナには語ったけれど、詳しく説明することはなかった。どうしてだろう。むずかしすぎたからだろうか。それもあるかもしれない。でも、一番の理由は、沙門の道を歩む弟子たちの修行には、これは役に立たなかったからである。

それならばこんな疑問もわくだろう。役に立たないのに、ブッダは、なぜカーティヤーヤナには語ったのだろうか。ブッダは無駄に教えを説いているのではないか。さあ、どうだろうか。

ここで、一つ、こんな解釈をあげてみよう。有無二辺の中道は、じつはブッダが後の世に出てくる大乗仏教の菩薩のために用意した教えではなかろうか、ということである。じつはブッダには、もう一つ、一見無駄に説いているように見える教えがある。それは、十難無記《じゅうなんむき》と呼ばれている十の見解（ドゥリシュティ）である。ブッダは、それを「（ブッダの）説かないもの」（無記）として弟子に憶えておくように告げたのである（「箭喩《せんゆ》経」『マッジマ・ニカーヤ』第六三経）。

説かないものなのに憶えておかなければならない、というのも奇妙である。種明かしをしてしまうと、これら十の見解は有無二辺の中道とも密接にかかわっている。ブッダは、ある意図をもって弟子たちに必要な教えを説いたのではないかと考えられるのである。

謎のように思われるかもしれないが、とりあえずこの解釈を採用しておこう。かりに有無二辺の中道を菩薩のための教えとしておく。しだいに詳細は明らかになると思う。ブッダの説く論理と法を、語る対象となる人々にあわせて整理してみよう。

【語る対象】		【論理】	【法】
一般の人々に至るまで	：	縁起	無我
沙門（声聞）に対して	：	苦楽二辺の中道	空（禅定によって獲得）
（菩薩に対して）	：	有無二辺の中道	空（論理によって獲得）

最後の「菩薩に対して」説いた論理と法は、実際には、ブッダは菩薩たちに対して語ったわけではない。当時は、まだはっきり菩薩と称する弟子たちは現れてはいなかった。

しかし、紀元後二〜三世紀、龍樹は菩薩としてブッダのこの教えをみずからの智慧で経典から受けとった。そして、かれは、有無二辺の中道をみずからの論理として、さらに、そこから出てくる「空」をみずからの法として歩み始めるのである。こうして、現実に、有無二辺の中道と空とは、菩薩たちの依拠する論理と法になっていったのである。

なぜこのような解釈が許されるかというなら、ブッダが「論理と法の地で活動し」たのなら、仏弟子もまた、ブッダの歩んだ「論理と法の地で活動する」のは当然の所行だからである。ブッダに教えられた道を行くものが沙門なら、ブッダの歩んだとおりの道を行くのが菩薩である。菩薩はブッダをめざすからである。こうしてみると、伝記の中で、龍樹が一切智人と称してはばからなかったのも、なぜかわかるのではないだろうか。ブッダの法を受けとったという確信が、かれをして一切智人と言わしめたのではないだろうか。

それでは、どのようにして、ブッダから龍樹へその教えは伝達されたのだろうか。さらには、中道と空とはどのように関係づけられるのだろうか。

5 「有る」という極端と「無い」という極端

カーティヤーヤナ（カッチャーヤナ）に語った有無二辺の中道について、もう少し詳しく見てみよう。カーティヤーヤナは、仏弟子の中で論議第一と言われた弟子である。かれは、智慧に優れ説法において人々を喜ばせたと伝えられる。かれは、ブッダに、八正道の第一番目に説かれる「正見」（正しい見方）とはどういうものかを尋ねるのである。これに対して、ブッダは、かれに多くの人は「有ること」か「無いこと」かのどちらか二つに依っていると語る。そして、次のように教える。

カッチャーヤナよ、あるがままに正しい智慧をもって、世間における集起《じゅうき》（集まり起こること）を見るものには、世間において「無いこと」はない。カッチャーヤナよ、あるがままに正しい智慧をもって、世間における滅を見るものには、世間において「有ること」はない。

（『サンユッタ・ニカーヤ』一二・一五）

だから、「一切は有る」という極端（定見）にも「一切は無い」という極端（定見）にも近づくことなく中道によっていくのが正見であると、ブッダは教えたのである。

有無二辺の中道は、人の想いや考えにおいて機能する論理である。つまり、この中道のはたらく「論理の地（場所）」は、想いや考えということになる。想いや考えをもたない人はいない。そして、それは、大半がことばとしてわたしたちの口から発せられるのである。だから、この中道は「想い」ばかりではなく「ことば」にも適用される論理である。

「想いやことばのはたらく地（場所）」は、ブッダの説いたことばでいうならば「戯《け》論《ろん》」（プラパンチャ）である。それは、多様に広がる想いやことばの世界を指している。このような想いやことばの世界において、「有る」と「無い」によらない中道によって歩むということは、どういうことなのだろうか。

6　想いやことばの世界——戯論

今、「有る」と「無い」について考えてみよう。人がことばを話し始めるとき、まず最初に出てくる動詞が、この「有る」と「無い」であると言ってもよいだろう。さまざまなものについて、必ず、有るか無いかが問われる。

まず最初、ものごとの存在が、わたしたちに意識され識別されてくる。たとえば、「これはペンだ」とか「これは苦しみだ」というように。それから、それらものごとの有無が問題になってくるのである。「ペンがない」とか「苦しみがある」とか、また、認識されない神のような存在についても「神はいる」「神はいない」というように、人々の間で語られる。

したがって、「有る」と「無い」について語り始めると、無数のものやことについて言及することになる。思惟の世界・言語の世界が広がっていくのがわかるだろう。そうすると、さまざまな考えや意見も出てくるだろう。さまざまな意見が出てくると、たくさんの人の間でさまざまに話し合われ討論されるだろう。しだいに、それぞれ主張する「見解」が定まってくることにもなるだろう。そうなると、互いに見解が対立し論争も起こってくる。

ブッダは、このような思惟や言語の広がる世界（戯論）を虚妄であるとした。プラパンチャ（戯論）には、もう一つ「妄想」とか「虚妄」という意味もある。それだから、そのような虚妄な論争にかかわらないように、論議第一と言われたカーティヤーヤナには、「有る」と「無い」のいずれにもよらない中道を説いたのである。かれには必要な教えだったのだ。

さらに、もう少しブッダの説く有無二辺の中道について考察してみよう。「有る」と「無い」のいずれにもよらないのであれば、「有る」とも「無い」とも言えなくなってしまう。そうなれば、そもそもことばを使えなくなるという心配が出てこないだろうか。また、想いについても、この中道を用いるなら、想いも出てこなくなって人間として考えることもできないのではないか。それでは、いくら何でも日常生活で不自由ではないだろうか。

それに、ブッダの教えについてもこの中道が適用されねばならないことになるのではないか。例外はないはずである。そうなると、せっかくのブッダの教えも、戯論となって失われることになるのではないだろうか。ブッダは自分で自分の首をしめているようなものではないのだろうか。

いろいろな疑問が出てくるだろう。非常にやっかいな問題が目白押しである。ブッダは、これ以上何もいわなかった。ただ、哲学議論に心を奪われているマールンキヤプッタという弟子に、十の見解（十難無記）にかかわる議論や論争にかかわってはいけないと教えたのである。これらにかかわることは清浄行の役には立たないと、マールンキヤプッタに教えたのであった。そして、十の見解については、ただ「説かないもの（無記）」として憶えておくように告げたのである。

ブッダは、有無の中道を詳しく述べることなく、この中から「言い争ってはならない」「論争してはならない」という教えだけを取り出して弟子たちに与えた。そして、想いやことばを滅していく戯論寂滅の境地は、禅定で得ていくように「空」という見方を教えていたのであった。

7 虚無論者か詭弁論者か

では、そろそろ龍樹に話を進めよう。今までのお話から、一切智者龍樹のなした仕事が、だんだん明らかになってきたのではないだろうか。龍樹の主著である『中論頌』は、「有る」と「無い」のどちらにもよらない中道を、ブッダの法（ダルマ）にそって展開した書であると言えそうだ。そして、その中道を論理として身につけていくと、一切を空と見る境地、空性が会得されてくるという、その道筋を著した書でもあるようだ。

そうなるとさまざまな想いやことばの世界（戯論）は、空性ではどうなるのかも示されるだろうか。それから、ブッダの法は、空性においてはどうなってしまうのだろう。この点、何と説かれているのだろうか。

詳しいお話をする前に、今お話ししたところがどうなっているか、それだけ、『中論頌』でちょっと確かめてみよう。カーティヤーヤナに説いた有無二辺の中道について、『中論頌』では、次のように述べている。

カーティヤーヤナの教えにおいて、「有る」と「無い」という二つが、存在と非存在を明らかにした尊師によって否定された。

（『中論頌』一五・七）

『中論頌』の中で、ブッダの言行録である「阿含経典」の内容にはっきりと触れているのは、ただこの一個所である。たしかに『中論頌』は、有無二辺の中道について言及していることはわかった。

それでは、次に、有無二辺の中道がはたらく領域、すなわち、想いとことばの広がる世界である「戯論」（プラパンチャ）については、『中論頌』は何と言っているだろうか。

行為と煩悩が滅するから、解脱がある。行為と煩悩は、思慮分別によっておこる。これらは、多様な想いやことば（プラパンチャ）にしたがってあるが、多様な想いやことばの世界は空性の中に滅するのである。

（『中論頌』一八・五）

どうやら予想どおりの展開になっているようである。わたしたちの思慮分別を支える多様な想いやことばの世界（戯論）は空性の中に滅してしまうと、龍樹は述べている。すべてを空と見る境地が空性である。この中に滅すると、想いや言語はなくなってしまうだろう。それはこんな風になるようだ。

他によるのではなく、寂静であり、多様な想いやことば（プラパンチャ）によってさまざまに言論されることなく、分別のないものであって、種々なのではない。これこそが、真実の姿である。

（『中論頌』一八・九）

「他によるのではない」とは、もはや縁起によることはない、ということである。さらに、多様な想いやことばを用いて言論されることもなく、寂静としていて、種々に区別もされず、したがって、分別もない、これが、真実の姿とされる。まさにないないづくしの世界である。しかも、これは真実の姿なのだそうだ。それでは端的に空性とはどのようなものなのだろうか。

空性とは、一切の見解からの出離であると勝者たちによって説かれた。

（『中論頌』一三・八）

多様に広がる想いやことば（プラパンチャ）からわき上がる思慮分別によって、見解が生ずる。それらは互いに対立し議論が起こるだろう。ところが、空性においては、想いやことばは滅してしまう。だから、そこからさまざまな見解が出てくることもない。したがって、言い争うことも起きない。空性は、見解から離れることである。

では、見解から離れてしまうなら、ブッダの教えはどうなのだろう。ブッダの教えも見解の一つと見るならば、何も語られないということになるのではないだろうか。

一切の認知が寂滅し、戯論が寂滅して、吉祥なるものである。どこにも、誰に対しても、いかなる法も、ブッダによって教示されなかったのである。

（『中論頌』二五・二四）

いやはや、何と言うことだ。ブッダは、いかなる法も説いていないことになってしまった。たしかにさまざまな想いやことばがなくなってしまえば、ブッダの法も例外ではないだろう。これが、戯論寂滅の境地、空性の正体ということになる。でも、それではブッダの法はどうなるのだろうか。

8 ブッダは何も説かなかった？

『中論頌』のテーマの一つは、今見てきたように、有無二辺の中道によって進む地がどういうものかを語ることである。そこは、想いやことばの絶える「戯論寂滅」の地であって、それを空性という。空性というのは、また、別の言い方をすれば、あらゆることについて「空」という見方が成り立つ世界である。たしかに、これを語るのが『中論頌』である。

しかし、そうなら、「空」というのは、想いやことばが何も「無い」ということになるのではないか。とにかく、何だかわからないが「無い」と言おうとしているのではないか。このように「空」をとらえるなら、龍樹は、ブッダやブッダの法すらも否定してしまう虚無論者のように見えてしまう。

この点について、『中論頌』の中でも、わたしたちと同じように疑いの念をいだいた反論者が、次のように非難のことばを投げかけている。

空であるのが、一切について言えるなら、生じもしないし滅しもしない。そうなら、四聖諦もなく、完全に知ること、煩悩を断滅すること、修習《しゅじゅう》も、涅槃を得ることもなくなるだろう。最終的に、僧団も法もブッダもなくなり、世間の一切の言語活動を破壊することになるだろう（『中論頌』二四・一〜二四・五）。このように反論者は追及する。

すると、龍樹は「あなたは、空性における目的と空性と空の意味を知らない」（『中論頌』二四・七）と答え、逆に、反論者に対して「あなたが縁起と空性とを破壊するなら、あなたは世間の一切の言語活動を破壊する」（『中論頌』二四・三六）と言うのである。

どうやら、言語活動はなくならないようである。戯論寂滅とも述べているのに、どうなっているのだろう。いったい、想いやことばの世界はなくなるのだろうか、なくならないのだろうか、どちらなのだろう。

このような『中論頌』の展開に翻弄されると、龍樹は、詭弁論法をあやつる詭弁論者に見えるかもしれない。ブッダの法をも否定する虚無論者のように見えたり、論法で人を攪乱する詭弁論者のようにも見えたり、たしかに、龍樹という人は、疑いだすと謎の人物である。

それでは、『中論頌』の目的や意図を明らかにし、そろそろ本題に入っていこうと思う。龍樹が、虚無論者でもなく詭弁論者でもなく、ブッダの歩んだ論理と法の地をどこまでも進む大悲の菩薩であることを証明しよう。

第三章

中道の論理と空の世界（聖者の世界へ）

1　後のものを先にしてはならない

龍樹について、虚無論者といわれたり詭弁論者といわれたりする理由の一つは、かれが、ブッダと同じ「論理と法の地」を歩んでいることを明確にできなかったことによる。

ブッダの説いた論理は縁起であった。そうであれば、龍樹も縁起によっている。『中論頌』の帰敬偈《ききようげ》で、龍樹は、縁起を説いた最高の説法者ブッダに対して深く敬礼《きようらい》している。

滅することなく生ずることなく（不滅不生）、（死後）断滅することなく永遠ではなく（不断不常）、同じではなく異なることなく（不一不異）、来るのでもなく去るのでもなく（不来不去）、戯論が寂滅する、吉祥なる、縁起を説いた正覚者（ブッダ）に対し、最高の説法者として、わたしは敬礼する。

（『中論頌』帰敬偈）

「滅することなく」から「去るのでもなく」まで、八つの否定のことばが並んでいる。これらは、龍樹が阿含経典から見つけだした中道である。龍樹独特のものとして八不中道《はつぷちゆうどう》と呼ばれている。これら中道は、みな「縁起」の一語を形容する。ここで、縁起と中道が結びついていることがわかるだろう。「戯論が寂滅する」という語も「縁起」にかかる。縁起は、非常に奥深い。この理法は、ブッダと龍樹の原点である。

そこで、縁起によるなら、前に述べたように「順序」ということが大事になってくる。龍樹を語るときにも、順序ということを意識しなければならない。ブッダと龍樹の「論理と法の地」を探索しようと思うなら、わたしたち自身も、かれらの論理と法にしたがう必要がある。今や、わたしたちのいる世界は、錯綜する混沌の現代社会ではないと知らねばならない。あらゆるものが縁起によって秩序づけられる仏教の世界をのぞきこんでいるのである。

では、仏教への門をくぐることにしよう。まず、ブッダの「縁起」の理法から話はスタートする。それを知ると、次に「無我」という法が得られる。それから、次に、縁起の論理から、中道が出てくるのである。それから、「空」という特徴が明らかになってくる。縁起↓(無我↓)中道↓空という、この順序で話すなら、わたしたちは混乱することがない。

もし、先に「空」や「空性」だけを説いてしまうと、戯論寂滅の境地だけを示すことになり、虚無のように見えてしまう。また、空性を説くと同時にあわせて縁起も説くと、肯定も否定も両方認めることになって詭弁論者のように見えるのである。

したがって、龍樹を理解するためには、順序にしたがって説かなければならない。後のものを先に言うのは、誤った論理なのである。この誤った論理は、じつは、混沌の現代社会を形づくっている論理である。

これに関連して一つ述べておきたい。龍樹の説く「縁起」を、相互依存の関係ととる解釈があるが、これを採用すると、龍樹の説くところを整合的に解釈することはできない。甲と乙の二つにかんして「互いに依存する」とするとき、甲と乙の間の「順序」は無視されるからである。後のものを先にする論理が混じり込むので、気をつけなければいけない。

2　あるがままに観察すると

では、ブッダの縁起の論理から、説き始めよう。論理は、形式である。ブッダは、パーリ語経典『サンユッタ・ニカーヤ』(一二・二一)の中で、縁起を形式で表している。わたしが、「ブッダの公式」と名づけたものである。本来は、四つの文からなるが、簡潔に二つにまとめて公式として示すことにしよう。

1　〈これ〉があるとき　〈かれ〉がある
2　〈これ〉がないとき　〈かれ〉がない

これは、たんに形式を示すものなので、〈これ〉〈かれ〉という代名詞には、見たもの聞いたもの感じたものなど、自由にことばを入れることができる。因果関係を示すためには、いくつか条件があって、〈これ〉に入るものは〈かれ〉に入るものより、時間的に先行していること、また、〈これ〉〈かれ〉に入るものは認識できるものであることが必要である。認識できるものは、自分の内側にある心や、自分の周囲の世界である外界である。

ところで、「有る」と「無い」について語ってきたので、この形式にある「ある」と「ない」ということばも気になるだろう。この「ある」と「ない」は、認識されるものについていう。生じてきているときに「ある」といい、滅してきているときに「ない」と言われる。そのような意味で用いる「ある」と「ない」である。絶対的に「有る」「無い」と存在を主張するわけではない。

たとえば、今、あなたは苦しみに打ちひしがれているとしよう。あなたには苦しみがある、なぜ苦しいのだろう、それは、あなたが重い病にかかっているからである、とこのようであったとしてみよう。そうすると、苦しみの原因は、「重い病」である。これを公式1の〈これ〉に入れてみよう。〈かれ〉には、結果である「苦しみ」が入る。

3 〈重い病〉があるとき 〈苦しみ〉がある

これは、観察結果である。たしかに、あるがままに記述すると、このような因果関係が得られるようである。しかし、これだけではほんとうに因果関係になっているかわからないので、2の公式を用いて確かめるという作業を行うのである。同じことばを順序にそって入れよう。

4 〈重い病〉がないとき〈苦しみ〉はない

ほんとうにそのとおりだと思えるなら、これは因果関係として採用できるだろう。この公式は、因果関係を見つけるためのものである。見つけだされた因果関係は、見つけた人にとって有効なのであって、他の人にはあてはまらない可能性はある。それを用いて生きるのは、その人の責任においてである。しかし、わたしたちにとっては役立つだろう。病を治そうという心が沸いてきて、努力する気持ちになってくるだろう。

ただ、ブッダは、縁起についてこうも言う。「わたしが悟りえたこの法は、深淵で、見がたく、理解しがたい。寂静《じやくじよう》であり、卓越していて思考の領域にはないものである。微妙であって、ただ賢者のみそれをよく知ることができる」（『聖求経《しようぐきよう》』『マッジマ・ニカーヤ』第二六経）と。また、『中論頌』の帰敬偈で見たように、「縁起」の一語には、たくさんの形容のことばが付されていた。であるから、縁起は、たんなる因果関係というだけではないことも、注意しておきたい。この理法は、理解が進むと、その姿を変化させていく、そんな深く微妙な関係である。

では、因果関係としての縁起をマスターしたので、次に、沙門の道で用いる「中道」という関係へと、少しずつ話を進めよう。中道も、じつは、縁起から導き出されるものである。

3　想いを想うと

今度は、心の内外を観察するのではなく、あなたの想いの中をのぞきこむことにしよう。あなたは、頭の中で「苦しみ」についてあれこれ想っている。こんな風である。「ああ、苦しいなあ。はやく楽になりたいなあ」。そこで、二つの想いが二つのことばになってつながって出てきていることに気づくだろう。「苦しみ」と「楽」である。これも、「苦しみ」ということばを縁として、「楽」ということばが生じている。これは、想いにおける縁起の関係である。では、ブッダの公式1に入れてみよう。

5　〈苦〉があるとき〈楽〉がある

そのとき、もう少しこの想いについてあれこれ想う。「楽か、そういえば、「楽」と想わなければ、「苦」という想いもないことになるなあ」。思考はずるずると想いやことばに引きずられる。前の想いやことばを原因として、次々と新たに想いやことばを生み出すのである。では、しりとりのようにつながった想いの関係をブッダの公式2に入れてみよう。

6　〈楽〉がないとき　〈苦〉がない

5と6より、「苦があるとき楽があり、楽がなければ苦もない」ということが出てくるだろう。龍樹の『宝行王正論《ほうぎょうおうしょうろん》』（一・四八、四九）では、〈長い〉と〈短い〉について、この公式が用いられている。「〈長い〉があるとき、〈短い〉がある」（一・四八）と説かれ、「〈短い〉がないとき、〈長い〉がない、自性《じしょう》のないものだから」（一・四九）と説かれる。

ここで、大事なことは、ことばがつながって出てくることである。〈長い〉から〈短い〉が生じ、次の公式でも、前の〈短い〉を受けて、〈短い〉から始まる。〈短い〉がないとき〈長い〉がない、というようにである。

想いの中では、想いやことばはどんどん数珠つなぎのように連想されて出てくる。このようなさまざまな想いやことばであふれかえった世界を「戯論」（プラパンチャ）と呼んだのである。これらは、止めどなく想いがわき起こる妄想の世界でもある。

4　存在（バーヴァ）と自性（スヴァバーヴァ）

さて、「中道」の論理にいく前に、ちょっと取りあげたいことばがある。前節で引用した『宝行王正論』の中に、一つ見慣れないことばがあったのに気がついたであろうか。「自性」ということばである。これは、龍樹の「空」の解説の中では、非常に重要なことばである。なぜなら、このことばを媒介にして「空」の特徴が明らかになってくるからである。

「自性」（スヴァバーヴァ）ということばは「自ら」（スヴァ）と「存在」（バーヴァ）ということばで成り立っている。まず、「バーヴァ」とは、「もの」「こと」にかかわることばで、よく「存在」と訳される。これも、ブッダの哲学では基本の重要語である。これは、仏教では「ダルマ」（法、存在）ということばでも言い表される。ダルマではなくバーヴァの方を採用したのは、非仏教徒も用いる語だからであると、龍樹の『無畏論』で述べている。より多くの人が用いることばを採用しているのである。

さて、また「自性」ということばも、当時の仏教や外教徒の思想の中で広く用いられていたことばである。ある存在（もの）があるとき、そのものについてそれ固有の特徴を「自性」という。「そのもの自体」「それ自身」ということである。

さて、この「自性」（スヴァバーヴァ）の「自ら」（スヴァ）について、想いをめぐらしてみよう。「自ら」と聞くと、想いの中に、それに関連してあることばが思い浮かぶのではないだろうか。「自ら」に対比されるのは「他」（パラ）である。

したがって、「自性」（スヴァバーヴァ）があるなら「他性《たしょう》」（パラバーヴァ）ということばも生まれてくるのではないだろうか。「自性」とは、「そのもの自身」という意味であるから、

「他性」は「他のもの自身」ということになる。このように、人の想いの中に自然と新たな想いやことばが生まれてくる。実際に、この「他性」ということばは『大《だい》毘《び》婆《ば》沙論《しゃろん》』巻第五九（『大正蔵』第二七巻、三〇六頁中）に「自性」とともに対になって用いられている。「自性」とあわせて「他性」という語も注意しておこう。

5　自性があるとき他性がある

このように、「自性」と聞くと、人は、自然に想いの中に「他性」ということばが浮かんでくる。「そのもの自身」とあるものについて言えるなら、他のものを見たら「他のもの自身」もあるだろう。そこで、次のようにブッダの公式1で言い表せるだろう。

7　〈自性〉があるとき　〈他性〉がある

「自性」と「他性」がそろったところで、縁起の理法のはたらく世界とこれらのことばとの関係を調べてみよう。縁起の理法のはたらく現象世界においては、ある存在に「そのもの自身」（自性）を認めると、もう話が進まなくなってしまう。わかるだろうか。なぜなら、ものごとは一瞬も休まず変化していくからである。そのもの自身を認めていたら、変化できないことになるだろう。

たとえば、種に「種自身」（自性）を認めると、そこから、どうやって芽が出てくるだろうか。種は種自身としてあるのだ。そして、そうなら、また一方では、芽にも「芽自身」（他性）を認めなければならないだろう。自性があるとき他性はあるはずだからである。

だから、「もし、諸々の存在が自性として存在するとあなたが認めるなら、あなたは、そうであるとき、諸々の存在を因と縁によらないものと見ている」（『中論頌』二四・一六）ということになってしまう。つまり、自性を認めるなら、因と縁すなわち原因や条件を否定することになるということだ。ここまでいいだろうか。

逆に、原因や条件によって成り立つ世界を認めるなら、自性は否定されるだろう。縁起する世界には自性はない。そこで、『中論頌』では「自性がないとき、どうして他性があるだろうか。他性にとって自性となるのが、他性であると説かれる」（『中論頌』一五・三）と述べるのである。すなわち、この『中論頌』から、

8　〈自性〉がないとき　〈他性〉はない

という、ブッダの公式2にもとづく式8が導かれてくるだろう。そして、『中論頌』は続いて次のように述べる。ここは、たいへんやっかいなことが説かれているので、注意深く見て

いきたい。

自性と他性がないとき、どうして存在があるだろう。
自性と他性があるとき、存在は成り立つのである。

（一五・四）

詩の前半では、わたしたちの想いやことばは、自性と他性を認めなければ成り立たないと述べている。想いやことばの対象である「存在」が成り立たなくなるからである。「種自身」（自性）と想わないで、どうやって種を表現したらよいのだろう。芽に「芽自身」（他性）を認めずして、どうやって芽の話ができるだろう。自性と他性を認めないなら、どんなものであれ、存在を語ることはできない。

そうだから、詩の後半で「自性と他性があるとき、存在は成り立つ」と述べるのである。つまり、何らかの存在について語るなら、必ず「自性」と「他性」とを認めてしまうように、わたしたちの思惟の構造はなっている。

でも、それでは困ったことになるのではないか。縁起する世界を認めるなら、自性は成り立たないのである。自性が成り立たなければ、存在も成り立たない。存在が成り立たないなら、どうやってそれを表したらいいのだろう。ことばはなくなってしまう。そして、想いも形をとらなくなってしまう。

素直に考えると、このように縁起を認めるなら、想いやことばはどうやっても成り立つ余地がない。そもそも存在が成り立たないのだから表しようがない。

6　中道というものの見方

存在が一般に認められないなら、非存在もまた成立しない。なぜなら、人は存在の別のあり方を非存在と呼ぶからである。

（『中論頌』一五・五）

詩の前半は、縁起によって想いの中に生じてくることがらを描いたものである。想いの中に「存在」がないとき、対立する「非存在」も生ずることがないという意味である。まず、想いの中に「自性」が成り立てば「他性」も成り立ち、そして「自性」と「他性」が成り立てば「存在」が成り立つ。そして、「存在」が成り立てば「非存在」も成り立つことがわかる。想いの中で、これらのことばが連鎖となって出てくるだろう。ところが、今「自性」は、縁起によって変化していく現象世界では成り立たない。「自性」が成り立たないなら、「他性」も「存在」も「非存在」も成り立たない。したがって、自性と他性と存在と非存在とを見る者は、ブッダの教えにおいて真実を見ない。

と言われる。自性と他性と存在と非存在を認めるものは、変化を認めないことになる。なぜなら、「そのもの自身」(自性)を認めるなら、いつまでたっても、それはそのもの自身のままだろうから。そうすると、存在は、そのまま変わらず「有る」ことになる。

(『中論頌』一五・六)

もし本性上「有ること」があるならば、そのものにとって、「無いこと」はないだろう。本性上、変異することはけっしてありえないからである。

(『中論頌』一五・八)

本性が「無い」のであれば、いかなるものが変異するだろうか。あるいは、本性が「有る」のであれば、いかなるものが変異するだろうか。

(『中論頌』一五・九)

「本性」(プラクリティ)も「自性」と同じように考えてよい。この「本性」は、万物がここから変異して顕れてくる哲学的な原理のようなものと解釈することも可能である。実際に、サーンキヤ学派は物質原理であるプラクリティを説く。これは、第五章「4 「自性」のもとに整えられた哲学説(一切智者の視点)」の項で簡単に触れているので、そちらも参照してほしい。

さて、ここから、ブッダがカーティヤーヤナに告げた「(すべては)有る」とする見解が出てくる。また、「(すべては)無い」とする見解も出てくるのである。「有る」と「無い」は、いずれも変化しない世界を形づくる。

他方、ブッダの説くところは、変化である。変化を認めるのだから、変化を認めない「有る」にもよらず、また、同じく「無い」にもよらない道を行くことがわかるだろう。これが有無二辺の中道である。非常に厳しくむずかしい道であることもわかるのではないだろうか。なぜなら、絶えず「それ自身(自性)」「他のもの自身(他性)」を想ってしまうその想いを排除していく道だからである。

たとえば、わたしたちが周囲を眺めて、風が木々の梢を揺らすのを感じ、太陽の光が葉を照らして輝いている風景に心を和ませても、「木」「梢」「風」「太陽」「光」「葉」などのどれも、想いの中でその存在を想うこともなく、それをことばにすることもないのである。あるがままに見るとは、こういうことである。そして、これがそのまま「空」ということである。想いの中に何もない、空っぽだからである。こうして、あるように見えても「空」というのである。

ブッダが「正見」（正しい見方）として言おうとしていたのは、龍樹が説明するような、このような有無二辺の中道なのだということは納得できるだろう。なぜなら、縁起という見方があるがままの世界をとらえうるように、この中道も、あるがままの世界をとらえうるからである。縁起も中道も、変化をありのままにとらえる論理なのである。そして、これらの見方は、「空」によって特徴づけられるのである。縁起↓中道↓空と進んできた。

このように、ことばによってことばを消していき、縁起から中道の見方を通って空性までの過程を明らかにしているのが、龍樹の『中論頌』である。論理の道筋は了解していただけただろう。

しかし、問題なのは、このような見方はふつうの人が簡単にとることができないというところである。いくら正しい見方と言われても、この中道や空はふつうの人のものの見方ではない。だからこそ、これは禅定で実践的に獲得することが必要になってくる。

7 空・無相・無作の三解脱門

大乗仏教においては、三解脱門といわれる三昧（禅定の境地）が知られている。空門、無相門、無作門である。これらは、涅槃の城への門といわれる。龍樹の『大智度論』（『大正蔵』第二五巻、二〇六頁上〜下）によってみよう。

空門では、まず、諸々の存在は「わたし」「わたしのもの」については空であると観ずる。諸々の存在は、原因や条件が集まって生ずるのであって、行為する者がいたり感受する者がいたりするわけではないと観ずるのである。これは、言いかえれば、諸々の存在は自己ならざるものである（諸法無我）と観ることに他ならない。つまり、「空」の三昧で、実質的には、ブッダの「無我」の教えを実践していることになる。

ここで、「無我」と「空」とは、深く関連していることがはっきりわかるだろう。ブッダの説いた「無我」は、内容を変えずに「空」の見方に変換していけるのである。ブッダが説いた「無我」は、変わらずに有ると考える「自己」（我）を否定して、「自己ならざるもの」（無我）は、縁起の理法から導かれる教え（法）である。ブッダはこれを煩悩から解脱するために説いた。

一方、「空」は、変わらずに有ると考える「それ自身」（自性）を否定して、龍樹が説いたものである。これは中道の論理から導かれる教え（法）である。この「空」の教えは、「無我」よりさらに適用範囲が広い。「自性」を手がかりにしてより微妙な境地へと進んでいき、想いやことばの世界を滅していくことができる。それを示してみよう。次は、無相門である。

ふつうの人は、日常的にさまざまな存在を識別し区別して活動している。ふつうの場合、それらの活動が煩悩から生じているのだなどと意識することはない。煩悩とは、字のごとく身心を煩わし悩ますもののことである。識別や区別はごく自然な人間の行為であると、わたしたちは考えている。

たとえば、人には男女の差がありそれぞれ特徴（相）があると自然に想ってしまう。あの人はこの人と同じ背丈だとか、異なる肌の色だとか、目の大きさや鼻の形など頭のてっぺんから足の先にいたるまでそれぞれ特徴を比べて、同じだとかちがうだとか区別する。これがふつうの人の見方なのである。そして、区別してはそれに愛着をもつのである。

そこで、仏道の修行者はこれらについても「空」と観る見方をとっていくのである。男女と区別するのは「自性」（そのもの自身）を見るからである。男女には、それぞれ男女それ自身があるとふつう思うのである。しかし縁起の見方によれば、そのものにそのもの自身はない（無自性）。だから、空であると観るならば、男女の相は滅していく。同じとか異なるとか、これも特徴を見るから言えるのである。特徴を見なければ、さまざまなものは同じでもなく異なっているのでもない。これも中道である。同じでもなく異なるのでもない（不一不異）という中道は、特徴（相）が認められないこと（不可得）によって達成されてくる。

存在に自性がなく空であると知るなら、それはまた特徴がない（無相）と知る。存在に特徴がないならば、それについて、どうこうしようという気は起きない。つまり、行為をなすということがない。これを「無作」（行為しない）という。これが、無作門である。

これら空、無相、無作という三解脱門の三昧によって住しているなら、よく煩悩を破って、あらゆる存在のありのままの姿（諸法実相）を獲得するのである。

このように、諸々の存在を空であると観じ（空三昧）、特徴がないと観じ（無相三昧）、そして、何ごともなすことがないとき（無作三昧）、次の『中論頌』を引用して、その境地を説明している。

8　聖者の境地——無生法忍

『大智度論』（『大正蔵』第二五巻、九六頁下）では、

言い表されるべきものは消滅し、心の領域は消滅してしまう。涅槃のごとくに、生じもしなければ滅しもしないのが、法性《ほっしょう》である。（『中論頌』一八・七）

「法性」とは、存在がありのままの姿で顕れていること（諸法実相）である。完全に中道の見方が達成された状態である。だから、想いもことばもなくなり心の領域も滅している。さらに、注目すべきは「生じもしなければ滅しもしない」という表現である。これもまた、「生ずる」と「滅する」のいずれにもよらない不生不滅の中道である。自性がなく（無自性）特徴がない（無相）なら、生じたり滅したりもしない。すなわち、行為しようという志向作用・意志（行）もはたらかない（無作）のである。

このような、生じたり滅したりしない中道に住することは、無生法忍《むしょうぼうにん》という悟りへの門であると『大智度論』はいう。無生法忍は、第一章「4　龍樹の悟り」の項の中でも触れた。

龍樹も得た境地である。今、『大智度論』によって、この境地に向かう道をまとめておこう。

「一切諸法は因縁によって生ずるから自性はない。これを真実の空（実空）とする。真実の空であるから、特徴がない（無相）。特徴がないから行為することがない（無作）。行為することがないから、生ずること、あるいは、滅することに住する法を見ることがない。この智慧のうちに無生法忍の門に入る」（『大正蔵』第二五巻、二〇四頁上）。

無生法忍というのは種々に説明されるが、簡単にいうならば、「生ずることがない」（無生）という法性を観じてそこに安住すること、と言えるだろう。「無生」としか語られないのは、「生じない」（不生）なら、当然「生」の次にくる「滅」もない（不滅）とわかるからだと思う。

したがって、法忍については「不二に入る」ともいわれる。『大智度論』は、「二はないが、また一つでもない」と諸法を観じて、心を落ち着けている状態であると説明している。では、「二はないが、また一つでもない」というところ、『大智度論』の中に引用されている『維摩経《ゆいまきょう》』の「入不二法門」の有名なお話から抜粋してみよう。『維摩経』の主人公は、ヴィマラキールティ（維摩《ゆいま》詰《きつ》）という資産家（居士）で無生法忍の悟りを得ている弁舌の才能をそなえた人物である。

この維摩詰に「不二の法門に入る」とは何かを問われて、法住菩薩は「生ずることと滅することを二とする、生ずるのでもなく滅するのでもない（不生不滅）のが、不二の法門に入ることだ」と説くのである。他にもさまざまに答えが出されるが、最後に文殊菩薩は「聞くことなく見ることなく一切の心が滅して説かず語らず、これが不二の法門に入ることだ」と告げると、維摩詰は黙然としてことばを発しない。それを見て、文殊菩薩は「よろしい、よろしい、これぞほんとうの不二の法門に入るということだ」と称えたのであった（『大智度論』『大正蔵』第二五巻、一六八頁中）。

さて、維摩詰が最後に黙然として一言も発しない状態は、『中論頌』では、「一切の見解からの出離」（二三・八）と説明される空性に住している状態である。空をよく知る者は、見解から離れ言い争うことがない。第二章「6 想いやことばの世界――戯論」で説いたように、ブッダは弟子たちに「言い争ってはならない」と戒めたのである。維摩詰もまた、その教えを体現していると見ることができる。無生法忍の境地は大乗仏教で説かれるものだが、しかし、ブッダの説いた縁起と無我の地から生まれてきたものであることがわかるだろう。大乗仏教は、ブッダの歩んだ「論理と法の地」をそのまま受け継ぐ仏教である。

第四章

仮設と四句分別の論理（凡夫の世界へ）

1　縁起と空性と仮設

本書も、とうとう聖者の境地にまで到達した。維摩詰の黙然とした姿は、無生法忍の境地をわたしたちに教えてくれる。維摩詰を見つめながら「空性とはこれか」と感じ入っていただくのもいいかもしれないが、しかし、何か釈然としない気持ちも残るだろう。悟りの境地、それはまた「言い争わない境地」ともわかったが、喧噪の中に生きるわたしたちふつうの人々（凡夫）にはほとんど関係はない。しょせん手の届かない境地である。

『中論頌』はただ悟りの境地を示して終わるだけなのだろうか。そうではない。『中論頌』は、ある意味ここから始まるのである。あらゆる人々の利益のために書かれた書だからである。修行者のためだけに書かれているのではない。

> 縁起しているもの、それを、空性であるとわたしたちは説く（yaḥ pratītyasamutpādaḥ śūnyatāṃ tāṃ pracakṣmahe）。
> それ（空性）とは、執って仮設することであり、まさに中道そのものである。
> （『中論頌』二四・一八）

詩の前半は、今まで語ってきたことをまとめたものである。この個所については、サンスクリットの原文もあわせてあげてある。後で参照しよう。

ブッダの縁起から話し始めて、ブッダの説く中道から龍樹の説く中道へと移行しながら、最後は、戯論寂滅を説く空性へと到達した。それが、第三章までで説かれていたことである。だから、縁起しているものは空性であると納得していただけたことと思う。

さて、まだ説かれていないのが、後半の詩である。ここが、ほんとうの「空」の意味（効用）を知る部分である。空性とは「執って仮設することである」というのは何を言おうとしているのだろう。そして「それは中道である」というのは、これまたどういうことだろうか。「空性」「執って仮設すること」「中道」という三つのことばが、『中論頌』二四・一八で一つに結びつけられた。

2 『般若心経』も空性を説く

ここは『中論頌』にそってお話ししていくこともできるが、ちょっと、他の経典で説明してみたい。日本では人気の高い『般若心経』である。こちらの方が、読者諸氏にはたやすく理解してもらえるだろう。

『般若心経』は、観自在菩薩が仏弟子で智慧第一といわれたシャーリプトラに、智慧の完成（般若波羅蜜）の行を語るものである。シャーリプトラは沙門（声聞）の代表として登場している。

『般若心経』の原文は、渡辺章悟氏『般若心経——テクスト・思想・文化』に収められている渡辺校訂本（大本。同書付録二八〜二九頁）によってみよう。『中論頌』二四・一八と表現のそろっているところをあげてみる。番号と訳は、筆者がつけたものである。

一　色形（色）あるもの、それは、空性である。(yad rūpaṃ sā śūnyatā)
二　空性であるもの、それは、色形あるものである。(yā śūnyatā tad rūpaṃ)
三　感受（受）、表象（想）、志向（行）、識別（識）も、まったく同じことがいえる。
四　じつに、シャーリプトラよ、一切の存在（法）は空性であり、特徴なく、生ずることなく滅することなく、汚れがなく汚れを離れたものでもなく、欠けているのでもなく満ちているのでもない。

一の文は、『中論頌』二四・一八の前半と内容的に一致している。サンスクリット語の原文を見比べよう。『中論頌』二四・一八の文を、一の文にあわせて「わたしたちは説く(pracakṣmahe)」という部分を抜いて文法を直すと、yaḥ pratītyasamutpādaḥ sā śūnyatā となる。『般若心経』の一の文と同じ構造をもつことが、見ただけでも想像できるだろう。『中論頌』の「縁起しているもの」とは、『般若心経』では「色形あるもの」である。色形あるものは、縁起しているものの代表として取りあげられていると見ることができる。したがって、これは、絶えず変化していき、結局のところ、想いやことばでとらえることができない。だから、空性である。一の文の中には、これまでお話ししてきた内容が全部入っていると思ってもらうとよい。それでなければ、次の文がわからない。

次の「空性であるもの、それは、色形あるものである」という二の文は、たんにことばをひっくりかえしたものではない。一の文の説くところをよく了解して初めて、二の文が意味をもつことを知るのである。これは、『中論頌』二四・一八の後半に対応する。

3　執って仮設すること

二の文の「空性であるもの」とは、すでに説いたように、心の領域も消滅して、ことばもなく、生じも滅しもしない、そんな世界のありようを指している（『中論頌』一八・七、七一頁）。したがって、もはや縁起するものも何もない。それだから、そのままでは何も起こらない。そうなると、二の文は「空性なるもの、それは」と言ったまま止まってしまうだろう。述語にあたるものが出て来ようがない。つまり、文が完成しない。だから、何か行動を起こさなくてはならない。空性から立ち上がって何かをしなければ、文を完成させることすらできないのである。さあ、そこで、どうしたらよいだろうか。

そうである。まず、むりやりにでも、特徴（相）を見いだすか存在を見いだすか、とにかく何か執着するところをもたねばならないだろう。それを「執って仮設する」という。「執って」というのは、意志や意欲をもって世界とかかわっていく姿勢を示すことばである。そして、望むところにしたがって、存在を見いだしていくのである。だから、仮に設定して名づけるという意味で「仮説《けせつ》」「仮名《けみょう》」などとも言われる。寂静の世界を出て、想いを生じことばを生じていかなければ、世の中を生きていくことはできないからである。

しかし、ちょっとここで考えなければならない。好きなように欲にまかせて存在を見いだしていくなら、これは、わたしたちふつうの人の日常である。縁起するものを空性としっかり知った者は、執って仮設するとき、人々のためにもっとも優れたものを仮設する。

そこで二の文の意味が決定する。空性であるものを、一の文と同じもの、すなわち、「色形あるもの」と執って仮設していると見ることができる。あえてそうしているのである。

三の文は、感受、表象、志向、識別について、一と二の文の内容をくり返すことを述べたものである。色形以下のこれら五つは、ブッダの説くもので、わたしたちを構成する身体と心の要素である。五蘊《ごうん》（五つの集まり）といわれる。つまり、ブッダの説くものを、また仮設しているのである。

では、読者諸氏にお聞きしたい。ブッダの説く教えのとおりに執って仮設するとすれば、これをするのは誰だろうか。誰ならできるだろうか。

そう、答えはすぐ出てくるだろう。この経典でいうなら、沙門（声聞）であるシャーリプトラである。ブッダの教えをそのまま受け継ぐ沙門シャーリプトラは、禅定で空性までは得ている。だから、空性から立ち上がって、またこの日常の世界に戻って来るとき、ブッダの説いた色、受、想、行、識という五蘊の教えに戻って来るのである。

この点を確かめたいと思ったら、第二章「4　有無二辺の中道は菩薩の道？」の項で、ブッダが沙門に語った論理と法が何かを確かめてもらいたい。沙門も空性を得ていることがわかるだろう。だから、二と三の文は、沙門のとる道を語るものである。

4　観世音菩薩は空性を語る

さて、問題は四の文である。観世音菩薩はシャーリプトラにわざわざ呼びかけている。もう一度四の文だけをあげてみよう。

四　じつに、シャーリプトラよ、一切の存在（法）は空性であり、特徴なく（無相）、生ずることなく滅することなく（不生不滅）、汚れがなく汚れを離れたものでもなく（不垢不浄）、欠けているのでもなく満ちているのでもない（不減不増）。

「シャーリプトラよ」と呼びかけるのは、この文は、沙門シャーリプトラが初めて聞くところだからである。ブッダがカーティヤーヤナに語った「有無二辺の中道」の教えを受けとったのは、菩薩である。空性の境地をことばで表すことができるのは、菩薩である。「一切の存在」とは、人間の要素である五つの集まり（五蘊）を指すと見てもよい。ここに、一切の存在があるからである。すなわち、二と三の文で説かれる五つの要素を指していると考えなければならない。

ここを意識しながら、『中論頌』二四・一八の後半の詩をもう一度思いだそう。「それ（空性）とは、執って仮設することであり、まさに中道そのものである」とあった。つまり、『般若心経』の「一切の存在」とは、「執って仮設」したものなのである。

『般若心経』では、それらが空性であり特徴がないことを再度確かめたのち「生ずることなく滅することなく（不生不滅）、汚れがなく汚れを離れたものでもなく（不垢不浄）、欠けているのでもなく満ちているのでもない（不減不増）」という三つの中道を説いている。ここは、『中論頌』二四・一八で確かめると「まさに中道そのものである」に相当する。執って仮設したあとでないと中道は説けない、というこの順序にも注目である。

龍樹の説くところは、『般若心経』の説く文章の順序とぴったり一致している。これらの中道の意味については、本題からはずれるので、今回は省略しよう。ただ、中道が説かれていることをしっかり確認しておきたい。このように、『般若心経』の四の文は、観世音菩薩がシャーリプトラに空性の境地をことばで教示していると見ることができる。

5　沙門の道と菩薩の道

それでは、ふたたび『中論頌』二四・一八の後半の詩に戻ろう。「空性とは、執って仮設することであり、中道そのものである」と述べられていた。この文の担い手は、わたしたちのようなふつうの人（凡夫）ではない。空性を知った者は、『般若心経』でもわかるとおり、シャーリプトラのような沙門であるか、あるいは、この境地を説く観世音菩薩のような菩薩である。つまり、聖者と考えてよいだろう。

想いもことばも絶えた戯論寂滅《けろんじやくめつ》の世界を知った後でこの世俗の世界に戻り、二の文のように、仏法にしたがって自分のための行（自利行）を続けるなら、それは沙門である。一方、空性を会得した後、世俗世界で仮設して人々のためにはたらく（利他行）ならば、それは菩薩である。『大般涅槃経』の「道しるべ」のとおり、菩薩は、論理と法の地を歩んで空性を得たなら次には善なるものを求め利他行に入るからである。そして、世俗の世界を生きる論理は、聖者の論理である中道である。これは、沙門も菩薩も同じである。

それでは、無生法忍《むしょうぼうにん》の境地を得た龍樹は、そこから立ち上がって実際に人々のために菩薩としてどんな仕事をしたのだろうか。

第二章「8　ブッダは何も説かなかった?」の項で、戯論寂滅の境地を語る龍樹に対して、反論者が非難したとお話しした。すなわち、空であれば生じ滅することもない。そうなれば、ブッダの四聖諦の教えもなくなり、それによって僧団や法もなくなってしまうから、ブッダもいなくなるだろうと、いうものである。

これに対して、龍樹は「あなたは、空性の目的（効用）と空性と空性の意味を知らない」（『中論頌』二四・七）と答えたのである。今、わたしたちは空性とは何かを知った。それでは、空性の目的（効用）と空性の意味とを知ることにしよう。『中論頌』は、続いて次のように述べる。

二つの真理にもとづいて、諸仏の法の説示がある。世俗の真理（世俗諦《せぞくたい》）と第一義の真理（第一義諦《だいいちぎたい》）とである。（『中論頌』二四・八）

これら二つの真理の区別を知らない者は、ブッダの教説の深淵な真実義を知らないのである。（『中論頌』二四・九）

世俗の真理と第一義の真理という二つの真理が説かれている。世俗の真理は、言語活動を可能にする真理である。言語を用いて人々に語りかけたのは誰だろうか。ブッダである。ブッダの説いた論理と法は、縁起と無我である。ブッダの活動した論理と法の地が、そのまま世俗の真理を体現した場所ということになるだろう。この地で、ブッダは人々のためにことばを執って仮設し教えを説いた。

一方、第一義の真理とは何だろうか。これは、沙門に示した涅槃への修行道がそうであろう。論理としては中道、法としては空が相当するだろう。そして、その論理と法の地は、空性である。沙門たちに、ブッダは中道の論理は説いたが、とくに空は説かなかった。ブッダは、空性にいたる禅定を教えた。この二つの真理をしっかり区別しておこう。そこで次に、龍樹は、こう言うのである。

言語活動によらずには、第一義を説くことはできない。第一義に到達しなくては、涅槃を獲得できない。
（『中論頌』二四・一〇）

「言語活動」は世俗の真理に関係している。第一義の真理を説くとするなら、それは世俗の真理である言語活動によるしかない、と龍樹は述べている。第一義の真理とは、空性である。くり返すが、ブッダは、これを説かなかったのだった。

龍樹の仕事は、まさにここにある。ブッダが説かなかったものを説いたのである。言語活動によって第一義の真理を説き、涅槃を獲得する道を示したのである。だから、空性の目的は、直接的には涅槃を獲得することとしてもよいだろう。その場合、空性の意味は、さまざまな想いやことばの世界が寂滅すること（戯論寂滅）である。あるいは、また、「空性の目的」ではなく「空性の効用」ととらえるなら、これを戯論寂滅ととらえることもできる。その場合、「空性の意味」は「一切の見解から出離すること」（『中論頌』一三・八）となるだろう。このあたりの解釈はいろいろ流動的である。しかし、いずれにしても戯論寂滅は外せない。そして、ブッダの法も、戯論寂滅した状態ではもはや必要がない。このとき、一切の見解から出離しているからだ。なぜなら、ブッダの法もまた「執って仮設した」ものにすぎないのだから。

6 人々の利益のために

龍樹は、ブッダの説く「苦しみの滅」という目標に向かって、人々のために第一義の真理にいたる道をことばによって表現したのである。

龍樹は、執って仮設したことばが、中道や空を用いて空性へと滅していくさまを描いた。ことばは拒否され否定されていく。そして、『中論頌』最後の第二十七章では、外教徒《げきょうと》の見解を否定して、一切の見解から離れるのである。龍樹のなした仕事は、正しくブッダの法の目的と法と法の意義を、明らかにすることであったといってもよいかもしれない。『中論頌』末尾にある帰敬偈は、次のように告げている。

一切の見解を捨て去るために、憐れみをもって、正しい法を説いたゴータマにわたしは帰命する。

(『中論頌』二七・三〇)

一切の見解、その中には、ブッダの説いた法も含まれるが、その一切の見解を捨て去ることが、空性である。それを求めて、ゴータマは、正しい法を執って仮設したのである。これが世俗の真理である。そして、龍樹菩薩は、第一義の真理にスムーズに進むために、ことばを用いて、さまざまな想いやことばを空性の中に消滅させていく作業を受け持ったのである。それは、人々をすみやかに涅槃に向かわせるためである。人々の利益のために『中論頌』は著された。

だから、龍樹は虚無論者ではない。世俗諦において、執って仮設して言語活動を行うからである。また、詭弁論者ではない。言語を用いる世俗諦から、涅槃へ向かう第一義の真理を明らかにするという、このような順序をもって語られるからである。順序を無視するなら、肯定も否定も混在することになって、詭弁に見えてしまうだろう。しかし、順序にしたがうなら、涅槃への道を示すことになり、人々の利益に適うのである。

最後に、龍樹が「ゴータマ」と名前で呼んでいるのは、なぜかわかるだろうか。一切の見解を捨てた龍樹は、ブッダの法をも捨てて一人菩薩の道を自分の智慧によって進んでいくからである。もはやブッダにも法にも帰依しない龍樹菩薩は、憐れみをもって正しい法を説いた、ただゴータマと名づけられる存在に深く帰命するだけである。

ところで、最後の帰敬偈『中論頌』二七・三〇には、「一切の見解を捨て去るために」とあった。現実の世界で苦しむわたしたちにとっては、この「一切の見解を捨て去ること」を「空性の目的」とすることもできる。そうなると、これはほんとうに役立つ教えになる。なぜなら、見解というのはもっともがんこなこだわりから生まれたものであり、そして、それは多くの苦しみをもたらすからである。

7　一切の見解を捨て去ること

わたしたちは、日常的にイデオロギーや主義主張が押しつけられたり、あるいは、道徳、習慣、常識という形でしばられたりする。どのような見解であれ、見解から逃れている人はいないといっていいのではないだろうか。そして、見解をもつならば、自分の主張を相手に認めさせようと、言い争うことになるのである。対立する見解の間で、苦痛を感じることも多く、また、押しつけられた見解を嫌悪することもよくある。

ブッダは、そこで次のようにいうのである。『スッタニパータ』から、詩を二つ引用してみよう。

これらの論争が、沙門たちの中で起こると、かれらには、勝利と敗北がある。このようなことを見て、争論を離れなさい。ただ、称賛と利養があるにすぎないのだから。

（八二八）

想いを離れた者には、しばるものはない。智慧によって解脱した者には、無知（痴）はない。想いと見解に固執した者たちは、対立しながら、世間をさまよう。（八四七）

ブッダは、はっきりと「争論を離れなさい」と戒めている。最後の詩に「想いと見解に固執した者たち」ということばがある。「想いに固執した者」にとって、多くの場合、その固執した想いは、特定のことばに対するこだわりとなって表れる。そして、そのことばによって、人々が苦しみを感じるのである。現代は、あふれかえったそんなことばで、多くの人が傷ついたり、ストレスを感じたりしている。

このような「ことば」と「見解」による悩みを解決するのが「空」の哲理である。これは、たんに瞑想の境地としてのみ理解されるようなものではない。

龍樹の『中論頌』は、言語論として、あるいは、形式論理学としても読むことができる。「空」は、想いやことばについて、人々に言語の用法として種々の有益な理論を提供するのである。悟りのために必要な要素というだけではなく、わたしたちの日常の言語活動においても、苦しみをなくす非常に優れた考え方である。

それでは、『中論頌』の中から、わたしたちにも役に立つ論理と法を抜き出して、わたしたち現代人にあわせてお話ししてみよう。ブッダや龍樹の論理と法の地は、この現代社会にもつながっている。ことば（想い）について、文（見解）について、それぞれお話ししよう。

ことばについては、空の見方が有効である。一方、わたしたちにとって、必要のない見解、受け入れがたい見解を否定する論理は、四句分別《しくふんべつ》という論理である。

では、まず、ことばから始めよう。

8　去る者と去らざる者

龍樹の『方便心論』と『中論頌』は、仏教独特の言語論を知る上でたいへん貴重な書である。中でも、『中論頌』の第二章に出てくる「去る者は去らない」という一文が、現代人の言語観と大きく食い違うため、よく議論の俎上にのせられる。龍樹の詭弁論法のようにも見えたり、何か深遠な表現にも見えたりして、わたしたちを魅了するのである。

それでは、この「去る者は去らない」の一文を仏教的な見地から解釈してみよう。龍樹が解明したブッダのことばの使い方を示すものである。これまでの知識を駆使してさまざまな解説が可能なので、読者諸氏も挑戦していただきたい。

去る者は去らない。去らざる者も去らない。
去る者と去らない者とは別の第三の者が去るのだろうか。

（『中論頌』二・八）

「去る者は去らない」という一文は、わたしたち現代人が考えるときには、「去る者」ということばについての語用論的な規定と考えるとよい。簡単にいうと、ことばの使い方を示す文と考える、ということである。なぜなら、わたしたち現代人は仏教の論理である縁起が身についていないので、そのまま読んでもなかなか理解できないからである。

さっそくだが、仏法という点からすると、「去る者」ということばは用いられない。ブッダの説く教えの中には、「人」を表すことばは本来はない。わたしたちは身体と心の作用からなる五つの要素の集まり（五蘊）として説明されるからである。しかし、「去る者」ということばは一般的には用いるだろう。だから、「去る者」と言いだしたということは、このことばは、日常表現として執って仮設したと考えてよいだろう。

さて、そこで想いの中に「去る者」ということばが生ずるとき、縁起によって「去らざる者」という否定の接頭辞を付したことばが生じてくる。「去る者」と「去らざる者」は互いに矛盾することばである。そして、これらが生じたところで、この「去らざる者」についても用語法が規定される。「去らざる者は去らない」と。さらに、互いに矛盾する「去る者」と「去らざる者」以外の第三番目のことばが、想いの中に生ずることはない。

9　去る者は去らない

では、「去る者は去らない」という文について、なぜ、そう言えるのか考えてみよう。

縁起するものは空性である。空性においては、執って仮設した存在は滅してしまう。「去る者」といっても、そこに何ら自性（そのもの自身）があるわけではない。「去る者」ということばは、ことばとしては意味上空っぽなのである。したがって、「去る者」と聞いたからといって、その「去る者」が去るとは決まっているわけではない。だから、龍樹は「去る者は去らない」というのである。これで納得できたろうか。だめだろうか。

では、もう少し説明を加えよう。龍樹は、「去る者」ということばに「去る」というはたらきがあると思わずに使いなさいと、このように述べているのである。これでも納得できないだろうか。

納得できたとしても、こう思う人もいるかもしれない。これは禅定で得た境地にもとづく仏教特有の見方なのだろうから一般的な言語の使用ではないのではないか。

では、こんな場合を考えてみよう。わたしたちの言語の使用においても、空ということは実際に使われている。あなたは、ラジオでマラソンの実況中継を聞いているとしよう。

アナウンサーは「今、ランナーは、スタート地点に向かっています。位置について、ランナーは、全員静止し、ピストルの合図を待っています」と中継してくれたとしよう。

ここで、「ランナー」とは、直訳すれば「走る者」「走者」である。しかし、この場合読者諸氏は「ランナー」の語に「走る者」という意味を意識することはないだろう。「ランナー」と聞いただけで、もう「走っている」という作用があるとは考えない。この「ランナー」は、意味の上では空である。ここでも、あなたの想いの中だけを考えると、龍樹の説くように「ランナー（走る者）は走らない」と言えるのではないだろうか。

「ランナー」として指し示された者がどういう行為をするかは、そのつど見て語られなければならない。「ランナー」と聞いただけで「走る者」という自性を認めてしまうと、言語の使用は成り立たない。これは、あらゆることばについてあてはまるのである。

わたしたちにとって役に立つのは、「空」とは、ことばに対して固定観念をもたないことだと覚えておくことである。ことばは空である。意味上空っぽであって、使う人がその意味をそのつど決めているのである。一つのことばには一つの意味が決まっていると考えるのは、現代人の偏見であって、実際にことばが使用されるときは、龍樹の説くように空のことばを用いているのである。誰でもそうしているがほとんどの人は気がついていないのである。「空」は、固定観念にしばられたことばによって生ずる人々の苦しみを解消するために役立つ教えである。

では、次に、文（見解）について、四句分別といわれる仏教独特の論法を見てみよう。これも、また、人々の苦しみを救うことのできる論理である。

10　四句分別

四句分別というのは、ブッダの十の見解（十《じゅう》難無記《なんむき》）の中にすでに見られる論法である。これは、ある見解について、それを完全に否定したいときに、その見解について、議論の中で起こりうる表現のすべてが、まったく成り立たないことを網羅的に示すやり方である。といっても、この説明だけではピンとこないと思うので、『中論頌』第二十七章の中から具体例を取りあげてみよう。縁起にもとづく論理世界では、四句分別は思考が順序にしたがって進むので、考慮すべき選択肢が漏れることなく、しかもわかりやすいと思う。

> このように、「過去において、わたしは存在しなかった」とか「わたしは存在した」とか「わたしは両者であった」とか「わたしは両者でなかった」ということは、みな起こりえない。
>
> （『中論頌』二七・一三）

ここで、龍樹が否定し拒否したい見解は、「（過去において）わたしは存在した」という見解である。たんに否定したいのではない。仏教においてはこのような見解は、それ自体が成り立たないのだ、ということを述べたいときに使う方法が四句分別なのである。すなわち、このような見解にかかわらないという態度を示すための言い方と言ってもよい。

どうするかというと、この見解から縁起によって出てくる表現のヴァリエーションのすべてを否定してしまうのである。「わたしは存在した」という文が頭に思い浮かぶと、それによって、その文の否定「わたしは存在しなかった」が出てくるだろう。これ以外に、第三番目の選択肢はない。だから、「わたしは存在した」と「わたしは存在しなかった」という文がそろうのである。さらに、これら二つの文について考えると、両方とも成り立つ可能性があるだろう。その他には、「わたしは存在した」と「わたしは存在しなかった」という両者の否定が成り立つ可能性も考えられるだろう。これ以外に、この「わたしは存在した」に関連する表現のヴァリエーションはない。こうして、全部で四つの選択肢が得られる。まとめてみよう。

1 わたしは存在した
2 わたしは存在しなかった
3 わたしは存在し、かつ、わたしは存在しなかった
4 わたしは存在し、かつ、わたしは存在しなかった、ということはない（＝わたしは存在したのではなく、あるいは、わたしは存在しなかったのではない）

これら四つの選択肢（四句分別）をことごとく否定してしまうと、この表現に関係するあらゆることが成り立たず、この表現そのものを無効にしてしまうことができる。これが『中論頌』二七・一三で説いていることである。これによって、「わたしは存在した」にかかわる

見解は仏教では問題にされることはない、ということになる。

ところが、わたしたち現代人の論理によると、1の文を否定したいと思ったら2の文で言うしかない。1と2の文は、互いに矛盾し、相対立して争うことになるのである。3の文はそもそも成り立たないことになっている。4の文は語られることがない。

したがって、わたしたちは、「わたしは存在した」というような話題にはかかわりたくないと思っても、そのことを相手にうまく示す手段がないのである。そこで、本意ではないが2の文を用いてみると、1の文と矛盾対立することになり、その結果議論に巻き込まれてしまうのである。かかわりたくない話題に逆にかかわることになってしまう。そして、かかわるまいと黙っていると、賛成していると受けとられてしまったりする。困るのである。

四句分別の表現は、ブッダの縁起の理法から生まれた議論を回避するための論法であると言えるだろう。これによって、言い争うことからまぬがれるのである。

どんな優れた見解でも、押しつけられるならば、それは苦しみである。ブッダの法ですらも見解の一つと見て、そこから離れることを可能にするのが空性である。例外なく、あらゆる見解から離れるのだから、空性それ自体は見解ではない。

空性とは、一切の見解からの出離であると勝者たちによって説かれた。一方、空性という見解をもつ人々については、成就不能の人々と呼んだのである。（『中論頌』一三・八）

「空性という見解をもつ」とは、たとえば、「空であるものは、一切のものである」と主張するような場合である。空性を見解としてもってしまうと、空性に到達することはできない。もし空性を見解としてもつなら、最強の論理になってあらゆるものに適用できる。そうなると、逆に、空性という見解それ自体は空性の論理が及ぶことができずに、一切世界からはじき出されることになるのである。

したがって、仏教においては、「空」を持ちだして、反対する人々と争うことはない。ここは重要である。「空」は、空っぽという意味のとおり、人々を圧迫したり威圧したりすることはない。空は、けっして人々に苦痛をもたらすことはないのである。

第五章

無諍の立場と菩薩行

『中論頌』の理論を中心に龍樹の仕事ぶりをお話ししてきた。第五章では、龍樹が実際に人々とどのように交わって、人々のためにどのようにはたらいたのか、見ることにしよう。

1　思想の花咲く龍樹の時代

概説書などでは、龍樹については、部派や外教徒《げきょうと》と対立してかれらの説を非難したと伝えられる。しかし、空性を会得しているなら言い争わないはずである。

たとえば、般若経典に登場するスブーティ（須菩提《しゅぼだい》）は、ブッダの十大弟子の一人であるが、解空第一、つまり、空性の理解がもっとも優れている、とされる人物である。そしてまた、かれは、他と争うことのない境地においても最高の者（無諍三昧最第一《むじょうざんまいさいだいいち》）とされる。このように、空性と無諍（＝言い争わない）とは深く関連していることが知られるのである。そこで、「無諍」（言い争わない）というこの点について、龍樹の場合どうだったのか、検討してみることにしよう。その前に、時代背景から少し詳しくお話ししてみたい。

龍樹の時代（紀元後二〜三世紀）に焦点を合わせると、当時インドを支配していたのは、月氏族のクシャン朝であった。西北インドを中心に北インド大半とアフガニスタンから中央アジアにいたる広大な領域を版図としていた。全盛期を迎えるのはカニシカ王のときである。龍樹の生存年代とも重なると思われる。

カニシカ王は、仏教に深い理解を示したが、また、一方では諸宗教にも寛容であった。さまざまな宗教的な要素が混然となって、新たな文化的素地がこの地で成熟しつつあった。
　一方、南インドは、アンドラ王朝（シャータヴァーハナ朝）の支配であった。アンドラ王朝では、おおむねバラモン教に依っていたと伝えられる。デッカン高原東部のナーガールジュナコーンダは、その名前から龍樹と関係があったのではないかとも考えられるが詳しいことはわからない。ただ、この地を含め、近接するアマラーヴァティーなどから仏教寺院の遺跡が発掘され、仏教がさかんであったことが知られる。諸部派の名前が発掘した碑文に記されている。

　思想的な展開を見るならば、非常に変化に富んで多様であり、また、それらが豊かに成熟していった時代である。

　まず、部派仏教においては、アビダルマといわれる註釈書が数多く生まれてくる。およそカニシカ王の頃、説一切有部《せついっさいうぶ》の立場で膨大な『大毘婆沙論《だいびばしゃろん》』が編纂され、思想的な集大成をみるのである。他方、大乗仏教においては、般若経典をはじめ諸経典が現れ文化的に新しい機運を感じさせる。仏教以外でも、バラモン教やヒンドゥー教の思想や宗教が華々しく展開していた。さらにまた、医学の分野でも重要な医学書が生まれている。後に三医聖のうちに数えられる内科のチャラカと外科のスシュルタの二人の名が知られる。

　龍樹を取りまく思想的、宗教的な環境としては、まったく申し分ないほどに多様性に富んでおり百花繚乱の風情であった。これは、豊かな思想展開が期待できると同時に、またいくらか思想はごった煮の様相を呈していたと考えられる。

というのは、龍樹作品の中に見いだされるさまざまな宗派や学派の説は、今日伝えられている整理された思想や学説とは異なりかなり雑然としているからである。

説一切有部、犢子部《とくしぶ》などの部派の学説も、龍樹の時代に成立したアビダルマ文献から取り出そうとすると、体系だったものを見いだすことはなかなかむずかしい。また、バラモン教の哲学思想も同様である。ヴァイシェーシカやサーンキヤといった学派の思想が知られているが、整理された思想体系を知るまでにはいたらない。思想活動が活発であるときは、それぞれの学説の中にさまざまな諸派の思想が雑然と混入してしまうせいもあるだろう。

2　ほんとうに論争はあったのか

このように豊かに思想が華開いているときに、龍樹はどのような菩薩行を行ったのだろう。どのような活躍をみせたのだろう。伝記の中では、かれは外教徒の沙門たちと論争したと書いてある。また、『中論頌』『廻諍論《えじょうろん》』などの論書においても、対立する見解を否定するさまが描かれてもいる。論争になっているように見えるが、かれの無諍（言い争わない）の立場は、現実にはどのようであったのだろう。

龍樹の討論の様子がはっきり内容的にもわかるのは、医師チャラカと行ったものである。チャラカは、内科医でカニシカ王の侍医もつとめた人徳のある高名な医師である。『付法蔵因縁伝』によると「非常に薬方に詳しく聡明で博学であり、智慧があって弁舌の才があり、柔和で慈しみ深かった」と記されている。かれは、「論議の道」と名づける論法をもち論理思考にも強く、また、弁論も巧みであった。

当時、医師たちはさかんに討論を行ったようである。討論においては、医学のみならず哲学的な議論もさかんに行われていた。チャラカが増補したといわれる『チャラカ・サンヒター』は、アーユル・ヴェーダ（インド医学）における重要な内科の医学書である。そこには、医学の知識とともに種々の哲学説が詳しく述べられており、当時の思想を知る上では大いに参考になる資料である。ヴァイシェーシカ、サーンキヤなどの思想が紹介されている。仏教の影響も色濃く見られ、また、その思想についても適切な言及がある。

医師たちは「友好的な討論」と「言い争う討論」との二種類の討論を使い分けていた。「友好的な討論」で学術的に啓発しあうと同時に、「言い争う討論」で哲学議論を行い優劣をも争っていた。当時最高レベルの知的エリートたちの集まりであったと思われる。

そこに登場するのが龍樹である。かれは、じつは、内科のチャラカとは異なる系統であるスシュルタの外科医学を学んだと考えられる。スシュルタの著した医学書『スシュルタ・サンヒター』も、またインド医学においてきわめて重要な外科の医学書である。その書の最後に補遺があるが、それを著したのは龍樹であると伝えられている。

龍樹は、チャラカの「論議の道」をまねて、それにあわせる形で仏法の中からブッダの論理を抜き出し論法に仕上げ、チャラカに提示したのである。それが『方便心論』である。

チャラカの論法は、言い争うために整えられた五分作法という論理形式をもつ。これは、主張、理由、実例、適用、結論という五つの要素からなる定型的な式である。それに対して、龍樹は、言い争いを避けるように組み立てた独自の論法を提示するのである。その論理形式は、さまざまであり特定の形式にこだわらない。西洋論理学におけるアリストテレスの形式論理学で用いる三段論法と同じような形式もあれば、帰謬法と呼ばれる形式もあり、また、仏教独特の帰納的な性格をもつ論証形式もあった。他にも、チャラカの説く五分作法にあわせて形式を整えたり、また、略式に三つの要素で語る形式(三支作法)もあり、語り方は自在を極める。そのときどきで相手にあわせて変化した形式を用いて相手を説得するのが、言い争わない論法である。

そして、龍樹論法の重要な点は、明らかに対立して膠着状態になりそうだとわかると、論法を出さずに捨ててしまうというところにある。争いになるのを避けるためである。また、相手の説を受け入れがたいときは、ただ、否定だけを行う反論術もある。それは、後代、プラサンガ論法という名で知られるようになる。これも言い争わないためである。

龍樹の論法は、それはすべて仏法へと導くためのものであり、ブッダの論理によって相手を説得していく方法であった。龍樹は、『方便心論』の冒頭で、みずからの論法についてこんなことを述べている。「もし、この論を説き明かすことができるならば、さまざまな論法に到達するであろう」。一見大言壮語しているように見えるかもしれない。しかし、これはほんとうである。一切智者という観点と戯論寂滅する空性の立場から生まれた龍樹論法は、あらゆる論法を知り、相手にあわせて納得を引きだす工夫に満ちた方法なのである。そのため、非常にむずかしく、この論法を完全に手中に収めた者は、開発者の龍樹だけであったろう。『方便心論』は、龍樹菩薩の「智慧の完成（般若波羅蜜）」を示す作品である。

3　龍樹の好敵手チャラカとニヤーヤ学派（無諍の立場）

それでは、チャラカは龍樹にどのように応えたのだろうか。うまく説得されたのであろうか。残念ながら、答えは「否」である。チャラカは「自己」（アートマン、我）を認め、外界実在論の立場をとると考えられる。これは、簡単にいうなら「（外界に）ものは有る」とする立場である。したがって、「存在（もの）」を有るとも無いとも認めない仏教の立場をどうしても受け入れることができなかった。

論法は、思考の基盤におかれるため、仏法を受け入れることができなければ、自分たちの哲学体系にあった専用の論法をもたなければならない。こうして、チャラカの医学の系統から、龍樹論法に対抗して、たちまちニヤーヤ学派という論理学派が生まれるのである。『方便心論』の論法に対して、またたくまに非常に高度な論理学を組織した。それは、『ニヤーヤ・スートラ』という根本教典で示される。そして、龍樹の論法を激しく非難し斥けた。これに対し、龍樹も、『ヴァイダルヤ論』を著して、『ニヤーヤ・スートラ』を非難し、ニヤーヤ学派の論法を拒否したのである。

このようなお話をすると、みなさまの中に疑問が生まれるだろう。龍樹の「言い争わない」という立場は、どうなったのだろう。ニヤーヤ学派と龍樹とは、華々しく論争しているのではないか。

じつは、論争はしていないのである。素人目には論争に見えるかもしれないが、何が行われているかを知るものには、優劣を競うだけの無益な言い争いではないことがわかるだろう。龍樹は、『方便心論』でみずからの論法を提示したが、チャラカやニヤーヤ学派が拒否したので、それを了承したのである。この場合、論法を提示するということは、仏法を提示することに等しい。そして、仏法は相手に拒否されたのである。

一見激しくニヤーヤ学派の学説などを非難しているように見えながら、じつは、空性を示し論争を回避することを宣言している書が、龍樹の『廻諍論』である。「廻諍」とは、「論争(諍)からの転回(廻)」という意味である。なぜなら、想いやことばの寂滅する空性の立場を示すと、「わたしは、いかなるものも否定しないし、否定されるべきどんなものも存在しない」(『廻諍論』第六三偈)ということになるからである。争いは起こりようがないのである。だから、龍樹は、反論者に対して「それ故に、「君が否定する」という抗議は、あなたによってつくり出されたものである」(『廻諍論』第六三偈)と述べて沈黙するのである。簡単に言うならば、議論は一人相撲であると相手に告げている。最終的に空性の立場まで示すことは、もはや討論が成り立たないことを明らかにすることになる。空性とは、一切の見解からの出離だからである。これが、龍樹菩薩の「言い争わない立場」（無諍処）である。

他学派と争ったという従来の龍樹解釈とは少しちがう説明になってしまったかもしれない。これは、学説の論理構造を重点においてお話ししているからである。宗教的な側面を重視すれば、表面的には仏教とニヤーヤ学派の対立のように見えるだろう。しかし、学説上の問題として見るならば、仏教の方には「言い争い」は起こりえないのである。空性においては、「存在」も「非存在」も成り立たないからである。むしろ、非難はニヤーヤ学派の側に起こることになる。

チャラカとニヤーヤ学派は、龍樹のこのような空性の説明をまったく承認するわけにはいかなかった。ニヤーヤ学派にとっては、真理とは「有るものにとっては実在があり、無いものにとって非実在がある」（『ニヤーヤ・スートラ』一・一・一の註釈書『ニヤーヤ・バーシャ』）ということだからである。はっきりと実在論を主張している。こうして、かれらは、みずからの論法によって龍樹の説明を「揚げ足とり（チャラ）」「誤った論難（ジャーティ）」という名をつけて語法・論法上の誤りとして斥けたのである。

このような一連の哲学上の討論を何と名づけたらよいのだろうか。ニヤーヤ学派は、逆説的に龍樹論法の影響を受けながらみずからの論法を組織していった。そして、自派の哲学的立場を明らかにして、仏教を否定したのである。一方、龍樹の場合は、世俗の真理（世俗諦）としては龍樹論法を用いてブッダの教えを明らかにしていき、討論を続けながら第一義の真理（第一義諦）にいたると、最終的には空性を示して討論を終えたのである。

外教徒に対して仏法を完全にことばによって示したのは、この討論が初めてではないだろうか。龍樹は、チャラカやニヤーヤ学派に対して、かれらの論法に対機する形で世俗の真理を用いて空性までの道のりを説き明かしたのである。非常に高度な哲学上の討論が、くり広げられていた。これを龍樹菩薩の「対機説法」と呼んでもよいだろう。

ニヤーヤ学派と仏教は、学説上の非常によいライバルとなった。以後、論法を発展させ整備させながらおりに触れて互いに討論し、学説を確かめあって別れていったのである。ただ、知らない人が見たら、論争のように見えたかもしれない。学問的な発展をうながす討論であった。

インドでは、龍樹以降、雑然としていた哲学の学説が一斉に整備され、みずからの学説を論理的哲学的に構築する作業が進むのである。インドの諸学派が、それぞれの学説を論理的に整備しながら共存し発展する学問的な姿勢を身につけた。インドにおいては、多くの学説がそれぞれ自由に語りながら共存する学問的土壌が醸成されていったのである。これが、「言い争わない」という立場から生まれた成果であると言えるだろう。

4 「自性」のもとに整えられた哲学説（一切智者の視点）

それでは、その他の学派や部派仏教についてはどうだろうか。医師チャラカやニヤーヤ学派のように討論や問答が起こったのであろうか。

どうも、その点はあまりはっきりしない。

従来、龍樹は説一切有部の説く「法（存在）は実有《じつう》である」という説に鋭く対立したと説明される。たしかに、『中論』をはじめとする龍樹の論書において、説一切有部の学説らしいものが非難されている。ただ、名指しで非難する場合は少なく、それら非難は基本的に学説の論理構造上からなされているのである。だから、非難であるようにも見えるが、また、純粋に論理構造を問題にするなら、そのまま縁起にもとづくブッダの法の開示であるとも見える。

龍樹のねらいとしては、学説批判が目的ではなく、各学派の学説を整理して示しブッダの法とはちがうものをブッダの法から峻別することであったと言えるだろう。だから、ブッダの縁起の理法によって解釈できない見解を、さまざまな角度から検討し分類したのである。そして、その分類の基準になることばが「自性」（それ自身）だった。さまざまな思想は、自性のもとに集められ分類・整理された。こうして、インド哲学史上、初めて重要な哲学説の概要が知られることになったのである。

この自性ということばが、何らかの形で教説にあてはまる学派や宗派には、さまざまなものがある。龍樹の作品に名があげられるのは、主として、今取りあげた説一切有部と犢子部である。外教徒では、ヴァイシェーシカ学派とサーンキヤ学派、ジャイナ教などの名が見られる。これらの教説は、哲学思想として見るならば、けっして一つにまとめられるようなものではない。宇宙論として、カテゴリー論として、また、二元論として、多元論として、というように、さまざまな特徴によって解釈することができる。しかし、龍樹は、中道という論理と空という法にもとづいて「自性」をもつ思想として次のように整理した。

では、まず部派の説を簡単に見ておこう。説一切有部は、当時おもに西北インドで隆盛を誇っていた部派である。『大智度論』によると、一切諸法として説かれる十八界・十二処・五蘊は実在であって、その中に「人」という分類はない、とするのが、この派の説くところである（『大正蔵』第二五巻、六一頁上）。「人」というのは、ごくふつうにわたしたちが考える「個人存在」のことである。しかし、説一切有部はこのような「人」を法の分類に含めず、心と身体に分けて五つの要素（五蘊）で示すのである。

また、十八界・十二処は、一切法を認識の側面から考察するものである。説一切有部ではこの順序で説かれる。六つの感覚器官とそれぞれ六つの感覚器官の対象とそれぞれ感覚そのものとして六つの認識（六識）を十八界という。十二処は、六感覚器官とそれぞれの対象である。これらの分類のいちいちを法（存在）と呼び、それらは実在（実有）であるとする。また、『廻諍論』では、「存在の状態（位）をよく知る人々は、善なる存在（法）には、善なる自性を考え、残りのものについても、同じような（自性を）配分するのである」（第七偈）と説明している。このような説一切有部の存在（法）を実在とする立場が否定される。

次に、犢子部《とくしぶ》は、プドガラという一種の自己（アートマン）を、五蘊の他に立てる。これは、認識の主体や輪廻の主体として機能するものである。『大智度論』には、「五蘊はプドガラを離れずプドガラは五蘊を離れずあって、五蘊はプドガラであるとも、五蘊を離れてプドガラがあるとも説くことはできない。プドガラとは第五の不可説の法の中に収められる」とある。プドガラを不可説法（説くことのできない法）として積極的に認めるところに、龍樹は仏法を逸脱する要素を見たのである。

外教徒の説としては、サーンキヤ学派とヴァイシェーシカ学派をあげよう。『方便心論』によれば、サーンキヤ学派は物質原理であるプラクリティ（冥初《みょうしょ》）と多数のアートマン（我《が》）を立てる。現象世界は、物質原理であるプラクリティから転変してくる。このプラクリティには、また「自性」「本性」という意味がある。第三章「6　中道というものの見方」の項で取りあげた「本性」（プラクリティ）は、実質的にこのサーンキヤ学派の物質原理を指すと見てもよい。

ヴァイシェーシカ学派は、六つのカテゴリー（句義）を説く。『方便心論』によれば、実体（陀羅驃《だらひょう》）、性質（求那《ぐな》）、普遍（総諦《そうたい》）、特殊（別諦《べつたい》）、運動（作諦《さたい》）、内属（不作諦）で、この説は、「論法」（ヴァーダ）として紹介されている。したがって、この当時は、この説は、学派を超えて共通の思考基盤におかれていたのではないかと想像される。

部派の説や他学説の説明は、みな龍樹著作に載っているものを取りあげた。非常に簡潔な説明だが、ブッダの教え（法）と比べて論理構造上どうちがうかは一見して明らかである。重要な哲学説をこのように論理的な根拠によって網羅的に分類したのは、龍樹が初めてと言ってよいだろう。そして、これら諸説は、伝統的に異説として仏教の中で伝えられていくのである。

そこで、このことに関して一つ注意しておきたいことがある。これらの哲学説を自性のもとに分類する論理的な根拠は、龍樹独自の解釈のように見えるが、じつは、ブッダの法を説く「阿含経典」の中に論拠を求めることができる。紙幅も尽きてきたので詳細は省くが、龍樹独自のように見えても、かれの説くものはすべてブッダの法の中から出てくることをあらためてつけ加えておきたい。

さて、『大般涅槃経《だいはつねはんぎょう》』の「道しるべ」を思いだしてみよう。論理と法の地で活動する菩薩は、一切智者をめざすのであった。他学説と仏教との関係を哲学全体、思想全体から俯瞰できるならば、それは一切智者の視点である。あらゆる学問、宗教を漏らさず自分の懐に入れ、それぞれの教説の構造や特徴を熟知して、それに対機して仏法を語るのが、菩薩の智慧の完成（般若波羅蜜）と言えるだろう。このような高度な説法を行えた人が、ブッダや龍樹なのである。この項の最後に『廻諍論』から引用しておこう。一切智者の根拠が示されている。

空性が会得されているなら、その人にはすべてのことがらが会得されている。
空性が会得されていないなら、その人にはいかなるものも会得されていないのである。

（『廻諍論』七〇）

5　菩薩行と願

あらためて強調すると、菩薩があらゆる派の学説を自分のものにして、かれらの説の一部を用いてそこから仏法を展開していく技は、般若波羅蜜の行である。菩薩は、仏法を熟知し、あらゆる応用に耐えうるように論法・語法をもたねばならない。相手と対話して説得していくが、その際、対論者とは「言い争わない」という立場を貫くことが、ブッダの教えである。そのために、第一義の真理である「空性」を身につけることが必要だったのである。世俗の中で人々と交わっていくとき、利他行の実践に必須だったのは空性である。けっして他に害をなさず言い争わず人々の利益のためにはたらくからである。菩薩のための仏教である大乗仏教が「空」を旗印に活動を展開するのは、こういうわけである。

しかしながら、龍樹の仕事ぶりを見ると、空性を会得しているのは明らかなのに、表面的には、他と対立して激しく争いブッダの教えに背いているようにも見えるだろう。空性を知るだけでは、まだ菩薩の仕事を正しく評価することはむずかしいようである。菩薩の利他行を理解するためには、もう一つ大事な要素がいる。

そこで『大般涅槃経』の「道しるべ」に戻ろう。論理と法の地で活動する菩薩は、その次に「善なるもの」に向かっていくのであった。善なるものに向かうとき、「論理」と「法」ということばはもはや重要ではない。ここで必要なのは「願」ということばである。菩薩行の推進力は、強い意志の力「願」に支えられている。

『十住毘婆沙論』は、「願」についてこう述べている。「一切の諸仏の法は、願をその本とし、願を離れるならば成功することはない」。こうして、菩薩は、菩薩の十の階梯（十地）の最初の段階（初地）において、「みずから彼岸に渡ったら、衆生を渡そう」と願を立てるのである（『大正蔵』第二六巻、二四頁中）。自分を先に悟りの境地である彼岸に渡すのは、自分が川でおぼれるようであっては、おぼれている人を救うことはできないからである。

さて、菩薩の行は、六波羅蜜である。六波羅蜜とは、布施、持戒（戒を守ること）、忍辱（耐え忍ぶこと）、精進（つとめ励むこと）、禅定（瞑想）、智慧の六つの実践徳目を完成させていくことである。この中、最後の智慧波羅蜜（般若波羅蜜）は論理と法の地を歩むときにすでに必要な行であった。

ここから、他の五つは、智慧波羅蜜とは少し異なった性格をもっていることがわかる。『菩提資糧論』は「布施、持戒、忍辱、精進、禅定のこれら五つの残りのものは、すべて、智慧によって渡るのであるから、波羅蜜（完成）の中に収められる」（一・六）と述べる。つまり、布施に始まる五つの波羅蜜は、般若波羅蜜を得て初めて波羅蜜と言われるのである。だから、般若波羅蜜は、菩薩やブッダを生む母である。そして、菩薩の最初の資糧（かて）である。このように『菩提資糧論』は述べている。

何度も書いてきた『大般涅槃経』の「道しるべ」の文ともあっていることがわかるだろう。菩薩は、まず論理と法の地で般若波羅蜜を実践し、その成果をもって、布施、持戒などそれぞれ善なるものに向かっていくのである。

このように、空性の智慧を論理の縦糸として、願を実践の横糸として、菩薩行の錦は織り出される。龍樹の行ったことがらについても、論理的な考察に注目するだけではなく、かれの意志やねらいといった「願」の横糸を忘れないようにしたい。かれのほんとうの仕事ぶりが、錦のごとく浮かび上がるだろう。

6　菩薩は涅槃の証をとらず

ところで、菩薩とは、悟りを得てブッダになろうと菩提心を起こすものをいうのであった。だから、菩薩がもっとも恐れるものは、ブッダとなる道から脱落してしまうことである。ブッダへの道を断念してしまうことを、「退転する」という。

これにより、菩薩には二種類あるといわれる。退転する菩薩と不退転の菩薩である。『菩提資糧論』は、菩薩がブッダになるための資糧を説いた書である。菩薩が退転せず、確実にブッダとなるためにしなければならないこと、気をつけなければならないことが説かれている。とにかく、菩薩は、不退転になるまで倦《う》まずたゆまず努力しなければならない。

菩薩は、悟りのために、乃至、不退に至らざる間、たとえば、頭衣を燃やすように、まさしく勤行《ごんぎょう》をすべきである。

（『菩提資糧論』三・一五）

いまだ大悲と忍を生じないうちは、たとえ不退転を得ていても、菩薩はなお死がある。放逸を起こす事があるからである。

（同、三・一七）

「頭衣を燃やすように」とは、頭にかぶった頭巾に火がついたように、一刻の猶予もならず一心不乱に、という意味であろう。このように熱心に勤行しなければならない。しかし、不退転を得ても油断はできない。大悲と忍、すなわち、衆生を憐れむ気持ちと苦難に耐え忍ぶことが生まれないならば、菩薩には死があると言われる。菩薩の死とは何だろうか。

声聞《しょうもん》、独覚《どっかく》の階梯にすぐさま入るのを、死となす。

菩薩の解知すべきところと根を断つことになってしまうから。

（同、三・一八）

菩薩の死とは、声聞、辟支仏《びゃくしぶつ》（独覚）の階梯に入ることである。なぜなら、声聞、辟支仏として、涅槃に到達してしまうなら、ブッダとなって人々を救うことはできないからである。菩薩が解知すべきところ、それは大悲である。そしてまた、それは菩薩の根である。衆生を憐れむ大悲の心が失われると、菩薩の根は断たれてしまう。

さらに、菩薩は、空・無相・無作の三解脱門において善く修習すべきであると言われる（同、四・二九）。三解脱門については、すでに第三章で取りあげた。この三解脱門に入ると、涅槃は近い。しかし、ここで即座に涅槃に入ってはならない。『菩提資糧論』と同じ内容が『大智度論』（『大正蔵』第二五巻、三二三頁上）にも説かれているので、これによって説明してみよう。

三解脱門に入って直ちに涅槃をとるのは方便の力がないからである。もし、方便の力があるならば、三解脱門に住して涅槃を見ても、慈悲の心をもつから、心をそこから転じて戻るのである。あたかも、仰いで虚空に箭《や》を射て、それに次々と箭を射て、箭によって箭を支えて地に堕とさないようなものである。菩薩もまた、このように、智慧の箭をもって、仰いで三解脱の虚空を射、方便の箭をもって、前の箭を射て、涅槃の地に堕とさないのである。こうして、声聞、辟支仏の二地を過ぎれば、諸法の不生不滅を知るのである。ここが不退転の地である。

『菩提資糧論』は、次のようである。

わたしは、涅槃の中において、まさしく、証《しょう》をとらないようにしよう。
まさにこのように心を発現しよう。まさに智慧の完成を成熟させよう。（四・三二）

涅槃に到達したという証をとってしまうなら、みずからの悟りを達成するだけであって、衆生を救うことはできない。「証」とは、悟ったと明らかに知って疑いのないことである。だから、菩薩は、涅槃において証をとらない。涅槃をみずからの本質とすることはない。菩薩は、煩悩を本質とするのである。煩悩から、悟りの種子は生まれてくる。

菩薩は煩悩を性とし、涅槃を性としない。
諸煩悩を焼くことはない。菩提の種子を生ずるから。（四・四三）

菩薩が、まず発心してブッダになろうと思わなければ、この世間には仏道はない。仏道がなければ、声聞や辟支仏もないのである。仏道は、声聞や辟支仏の根本だからである。『大智度論』はこのように述べる（『大正蔵』第二五巻、三二三頁中）。また、菩薩は、発心してから六波羅蜜などを行じ、大悲によって一切の人々を彼岸に渡そうと、一切の仏法を獲得する。これによって、菩薩は優れているともいわれる。苦しむ人々と共に歩む菩薩の道は、ブッダになる道である。

7　龍樹以後、仏法を伝えた人々

龍樹の著作をひもときながら、有無二辺の中道から空性への理論と般若波羅蜜を実践する菩薩行を概観してきた。菩薩行にかんしては、紙面の都合上ごくわずかしか触れることができなかった。膨大な著作から龍樹の業績のいくらかを拾い上げて説いてきた。全体の展開が、龍樹個人の生き方を彷彿とさせるように心掛けたが、うまく行ったかどうかわからない。

菩薩やブッダは、真実のことばを語るのである。つまり、真実とは、ことばどおりに現実に現れているということである。したがって、龍樹の語ったことがらは、そのまま、龍樹が実行してきたことだと考えてよいと思う。

ブッダの法を受け継いだということは、ブッダが菩薩時代にたどった道をそのまま歩いて、龍樹は仏法を伝えたのである。一切智者龍樹のなした仕事は、非常に広汎で、その領域をすべて見渡すことはできない。

龍樹以後、その教えを受け継ぐ者たちは、いずれも、龍樹の説いたものの一部を受け持ったように思われる。それぞれの人が、龍樹から自分の器にあったものを受けとって、発展させ伝えていったと言えよう。最後に、龍樹以後の展開を少し見ておこう。

龍樹の直接の弟子とされるのは、アーリアデーヴァ（聖提婆《しょうだいば》）である。生存年代は、龍樹の弟子なので、およそ紀元後一七〇～二七〇年とされている。『付法蔵因縁伝』によれば、南インドのバラモンの出身とあるが、『大唐西域記』には、スリランカの出身とされる。著作としては、真作と認められているものは『四百論』『百論』『百字論』である。外教徒《げきょうと》を批判したため、怨みをかって殺されたと伝えられる。アーリアデーヴァの弟子には、ラーフラバドラ（羅睺羅跋陀羅《らごらばつだら》）（二〇〇～三〇〇）がいる。

一方、間接的には、龍樹の思想は、『中論頌』に対する註釈書という形で継承されていった。第一章「6 龍樹の主著『中論頌』」の項にあるように、インドにおいては、たくさんの註釈が著された。註釈者のうち、ブッダパーリタ（仏護《ぶつご》。四七〇～五四〇頃）とチャンドラキールティ（月称《げっしょう》。六〇〇～六五〇頃）は、プラサンガ論法という龍樹独特の反論術を用いて論証を行ったので、プラーサンギカ派（帰謬《きびゅう》論証派）と呼ばれる。これは、相手の論証に空の立場から反論を行うだけのもので、みずからは主張を立てない立場である。

これに対して、バーヴィヴェーカ（清弁《しょうべん》。四九〇～五七〇）は、ニヤーヤ学派や仏教の論理学を発展させたディグナーガ（陳那《じんな》。四八〇～五四〇頃）の影響を受けて、論証式を用いて自立的に論証する立場をとるため、スヴァータントリカ派（自立《じりゅう》論証派）と呼ばれる。バーヴィヴェーカは、ブッダパーリタを批判し、それに対して、チャンドラキールティは、バーヴィヴェーカを批判した。かれらの作品の多くは、チベット語に訳されたため、チベットでさかんに研究された。これら二つの派の名称も、チベットの学問伝統において用いられており、インドのテキストにはこのような名称は見られない。

以上の龍樹以降の『中論頌』の註釈を中心とした思想の流れを中観派と呼んでいる。チベットでは論証や論法などの考察も進んだが、それは、龍樹から直接受け継いだ論法ではなく、ディグナーガやニヤーヤ学派などの論証学に大きく依存していた。龍樹の論法を著した『方便心論』は、チベットには伝わらなかった。

8　中国、日本への影響——八宗の祖師

さて、一方、中国や日本への影響を見てみよう。こちらは、龍樹思想を積極的に伝えるのに貢献した人物として、鳩摩羅什の名をまずあげなければならないだろう。龍樹作とされる重要作品は、ほとんど鳩摩羅什の流麗な訳によって読まれたのである。したがって、鳩摩羅什の影響を色濃く受けた龍樹像を、人々は共有することになった。

チベットには伝わらず、漢訳だけ残された作品も多い。『十二門論』『大智度論』『十住毘婆沙論』は、人々に大きな影響を与えた重要作品だが、漢訳でしか伝わっていない。残念なことに、最近では、これらの作品はいずれも龍樹作が疑われている。しかし、中国、日本に

与えた影響の大きさから考えると、文献学的方法による現代仏教研究によってかりに龍樹作ではないとされたとしても、そのことは、作品の価値を減ずるものではない。長きにわたって、人々が龍樹作と信じて、そこから受けとってきたものは、あまりに大きいからである。そして、ブッダの法を継承する上では、作品の内容が大事になってくるからである。

さて、中国では、龍樹の『中論』『十二門論』と聖提婆の『百論』はあわせて学ばれ、熱心に研究された。三部の論によっているので、この派は三論宗といわれる。これに『大智度論』を加えると、四論となる。この他に、中国では、法相宗《ほつそうしゆう》、成実宗《じようじつしゆう》、倶舎宗《くしやしゆう》、華厳宗、律宗などが起こり、それらは、日本にも伝えられた。これらの六宗に加え、天台宗と真言宗をあわせて八宗とするが、龍樹はこれら八宗の祖師とされている。このように、仏教の教理研究において、龍樹は伝統的に重要視されたのである。ただ、それも、鳩摩羅什の訳出した龍樹作品にかたよっていたことは、述べておかねばなるまい。施護《せご》の訳した『六十頌如理論』、毘目智仙《びもくちせん》・瞿曇流支《くどんるし》訳の『廻諍論』、吉迦夜《きつかや》・曇曜《どんよう》訳の『方便心論』などについては、解明が進まなかった。

一方、仏教の宗教的な側面を見ると、どうであろうか。インドから遠く離れた日本においても、優れた宗教者たちは、龍樹の作品とされるものから直接多くの影響を受けている。

たとえば、中国に渡って密教を招来し、真言宗を確立した空海（七七四〜八三五）は、龍猛《りゆうみよう》（ナーガールジュナ、龍樹）に帰せられる『釈摩訶衍論《しやくまかえんろん》』『菩提心論《ぼだいしんろん》』を重視した。これらの書は、ほんとうに龍樹作かどうかは、歴史的には疑問視されている。が、思想的に考えると、空海がこれらの書を龍樹のものとしていることが、むしろ重要であろう。この他にも、空海の著作の中には、『大智度論』や『十住毘婆沙論』が引用されている。

また、日本曹洞宗を開いた道元（一二〇〇〜一二五三）は、『正法眼蔵《しょうぼうげんぞう》』の中で、『大智度論』を幾度も引用している。龍樹祖師の説くところとして『大智度論』の一節を引いた後、「ブッダの示すところを正しく伝え広めていることに遭遇するのである（世尊の所示を正伝流布しましますにあふことをゑたり）」（『十二巻正法眼蔵』「供養諸仏」）と説いて龍樹を高く評価している。また同時に、道元は、世尊の説ではなくて龍樹の説だからといって、他の師たちの説と比べるようなことがあってはならない、などとも述べている。龍樹に対しては他の師たちとは別格のあつかいをしているところも注目である。

空海や道元のような優れた修行者は、龍樹の説く理論の全体像、あるいは、人間龍樹の全体像をとらえて理解しているような印象を受ける。そのため、かれらの目を通すと、スケールの大きな龍樹の姿が見えてくる。

9 親鸞と易行道

最後に、親鸞（一一七三〜一二六二）は、龍樹をどのようにとらえていたかを見ておこう。『十住毘婆沙論』には易行道《いぎょうどう》が説かれている。「易行道」第九は、弱い劣った者でもすばやく不退転の地に到達できる方法を説くものである。諸仏の名を唱え一心に念じて恭敬礼拝すれば、すみやかに不退転を得ると説かれる。この中に、とくに、阿弥陀仏の本願をあげ、称賛する詩偈が説かれている。親鸞は、『十住毘婆沙論』を非常に重要視して、「高僧和讃」の中で次のように讃えている。ここは、龍樹にかんする内容が非常によくまとまっている。

本師《ほんじ》龍樹菩薩は　智度・十住毘婆沙等　つくりておほく西をほめ　すゝめて念仏せしめたり　（一）

南天竺に比丘あらん　龍樹菩薩となづくべし　有無の邪見を破すべしと　世尊はかねてときたまふ　（二）

本師龍樹菩薩は　大乗無上の法をとき　歓喜地《かんぎじ》を証してぞ　ひとへに念仏すゝめける　（三）

龍樹大士世にいでゝ　難行易行のみちおしへ　流転輪廻のわれらをば　弘誓《ぐぜい》のふねにのせたまふ　（四）

第一偈にある「智度」とは『大智度論』である。『大智度論』にも、阿弥陀仏や浄土への言及がある。「西をほめ」以下は、西方浄土を讃歎《さんだん》し、人々に念仏を勧めた、ということである。

第二偈では、南インドから龍樹が出て、有無の邪見、すなわち「有る」「無い」という二つの定見を破るだろうと、ブッダが予言したと述べるものである。本書においては、第二章でこの点について説いた。龍樹は、ブッダの意向を受けて『中論頌』において、この有無二辺の中道を明らかに説き明かし、空性を示したと解釈したのである。親鸞の説く龍樹解釈とも符合している。そして、この空性を会得して進む菩薩道は、智慧と方便を駆使して進む難行道と見てよいだろう。

第三偈では、龍樹みずから、菩薩の十の階梯の初地である歓喜地を証して、人々に念仏を勧めたと説いている。第四偈では、龍樹が、難行と易行の二道を区別して、流転輪廻するわたしたちを、阿弥陀仏の本願他力への易行道を教え示したと述べるのである。

非常に簡潔な詩の中に、龍樹の思想と菩薩行のエッセンスが凝縮されている。とくに、第三偈と第四偈が親鸞の主眼である。阿弥陀仏の本願他力を龍樹が讃えている点を強調するのは、宗教者としての親鸞の特徴である。

しかし、親鸞にかぎらずとも、『十住毘婆沙論』が、難行道の他に易行道を説くのは、注目すべきことがらである。阿弥陀仏にかぎらず諸仏の名を称え憶念し礼拝することによって、意志の弱い劣った菩薩でも、その行を完成させるような手立てをもつことになるからである。あらゆる菩薩たちが、みずからの個性を生かしながらすみやかに修行を進める方法を考慮するところに、龍樹の大悲が光るように思われる。

『大般涅槃経』の「道しるべ」にしたがって、龍樹の理論と実践をたどってみた。ブッダの歩んだ論理と法の地を継承して、一切智者の道を歩んだ龍樹。それから、大悲の心によって人々の利益のために、善なるものに向かった龍樹。一切智は、一切の生類を救うために必要な要素である。また、かれが説き明かした空性は、一切の見解から離れるために必要な要素である。これらすべてのことは、ただ一つブッダになる道に通じている。あらゆる生類の苦しみを滅するためにブッダをめざすのは、菩薩である。仏教は、菩薩が出発点である。そして、仏教の歴史の中に、たしかに龍樹という名の菩薩がいたのである。

あとがき

仏教の開祖ゴータマ・ブッダに並ぶ仏教の巨人龍樹菩薩。今回は、「構築された仏教思想」シリーズの第二巻を担当させていただいて、あらためて、龍樹のスケールの大きさに圧倒される結果になってしまった。

このシリーズは、ご覧のとおり、全七冊からなり、インド・中国・日本に及ぶ仏教の思想家たち八人を取りあげ紹介するものである。シリーズの第二番目に位置するのが龍樹である。「あるように見えても「空」という」という魅力的なタイトルのもとに、龍樹の説く「空」を中心に紹介する入門書である。

企画構成がしっかりとしていたので、執筆する側のわたしとしては、とても楽な気持ちで始めたが、いざ書き始めてみると、「空」というこの難物に完全に翻弄されてしまった。

「空」を説く龍樹自身、かれは、みずから説くとおり空である。まさしく、タイトルどおり、あるように見えても「空」なのである。どういうことかというと、かれについては、どのようにでも書けるということに気づいたのである。虚空のように茫漠とした広がりと錐《きり》のような鋭いピンポイントの核心とどこまでも入っていける奥深さとをそなえて、かれは、たしかに仏教の世界の中に存在している。それはわかるのだが、どうやって、かれをとらえていいのか、あまりにも多様多面ですっかり途方にくれたのである。

最初、わたしは、いわゆる論理学的なアプローチで龍樹の研究を始めた。そのときは、かれは、現代に通用する気鋭の論理学者であった。こちらが語用論に興味が出てくると、かれは、非常に言語感覚の鋭い言語学者に変わっていった。自己をもちプライドのある人々と討論しているときは、かれは無我を打ちだす倫理・道徳家であった。部派の反対派の人々に対しては、空を説く空論者になった。外教徒の説やアビダルマに向かうとき、厳密な思考の哲学者であった。ブッダと仏法に対しては、どこまでも忠実で敬虔な仏教徒であった。大乗経典に註釈するかれは、智慧と方便を駆使する菩薩であった。そして、利他行を行い自己を律する修行者でもあった。他にも、まだまだちがう側面もありそうだった。そして、それらのどの側面をとっても超一流なのである。

どうにでも書けるときは、まるきり何も書けないときである。苦しみもがいた末に、わたしは、ブッダによって救われた。『大般涅槃経』の中の、ブッダの語った短い詩を「道しるべ」にして、ようやく龍樹をつかまえることができたからである。有無二辺の中道を菩薩のための教えとしたのは、わたしの中から出てきた新しい解釈である。あたっていると思う。

菩薩というただ一点をおさえることで、龍樹はわたしたちに身近な存在になった。人々のためにはたらく菩薩の一面は、現代に生きるわたしたちの悩みや苦しみの解決にもつながるだろう。特殊な仏教の思想を説くというだけでなく、役に立つ「空」の教えとして、龍樹のメッセージを、読者諸氏にも届けることができると、こう思ったら、むずかしい仏教理論が、急に生き生きとしたものにも見えてきた。第四章の後半は、ストレス社会を生き抜く現代の人々のために、役立ててもらいたい内容を盛りこんである。龍樹からのプレゼントと思って受けとってもらえるならうれしいかぎりである。

書き終わってみると、力不足をしみじみ実感しながらも、龍樹という人は、人々のために何と役立つ存在だったのだろうと、あらためて思うのである。

執筆がなかなか進まず、編集者の大室英暁氏には、ほんとうにご迷惑とご心配とをおかけした。また、さまざまなご助力・ご指導をいただいて、ここに感謝申しあげるしだいである。

二〇一〇年四月一日

石飛道子

参考文献

安井広済『中観思想の研究』法蔵館、一九六一年
石飛道子『ブッダ論理学五つの難問』講談社選書メチエ、二〇〇五年
石飛道子『龍樹造「方便心論」の研究』山喜房佛書林、二〇〇六年
石飛道子『ブッダと龍樹の論理学――縁起と中道』サンガ、二〇〇七年
石飛道子『龍樹と、語れ！――『方便心論』の言語戦略』大法輪閣、二〇〇九年
印順（述意）・昭慧（整理）・岩城英規（翻訳）『『大智度論』の作者とその翻訳』正観出版社（山喜房佛書林発売）、一九九三年
宇井伯壽『印度哲学研究』第一、岩波書店、一九六五年
宇井伯壽『印度哲学研究』第二、岩波書店、一九六五年
宇井伯壽『宇井伯壽著作選集』第一巻、大東出版社、一九六六年
宇井伯壽『宇井伯壽著作選集』第四巻、大東出版社、一九七一年
梶山雄一・瓜生津隆真訳『大乗仏典14――龍樹論集』中央公論社、一九七四年
瓜生津隆真校註『新国訳大蔵経⑭釈経論部12――十住毘婆沙論Ⅰ』大蔵出版、一九九四年
瓜生津隆真校註『新国訳大蔵経⑭釈経論部13――十住毘婆沙論Ⅱ』大蔵出版、一九九五年
瓜生津隆真『龍樹――空の論理と菩薩の道』大法輪閣、二〇〇四年
江島恵教『中観思想の展開――Bhāvaviveka研究』春秋社、一九八〇年
奥住毅『中論註釈書の研究――チャンドラキールティ『プラサンナパダー』和訳』大蔵出版、一九八八年
梶山雄一『般若経――空の世界』中公新書、一九七六年
梶山雄一『仏教における存在と知識』紀伊國屋書店、一九八三年
梶山雄一・赤松明彦訳『大乗仏典 中国・日本篇1――大智度論』中央公論社、一九八九年
梶山雄一・上山春平『空の論理〈中観〉』角川文庫ソフィア、一九九七年
梶山雄一『空入門』春秋社、二〇〇三年（新装版）
木村泰賢『木村泰賢全集――阿毘達磨論の研究』第四巻、大法輪閣、一九七八年（第四版）
木村泰賢『木村泰賢全集――小乗仏教思想論』第五巻、大法輪閣、一九九一年（第七版）
三枝充悳『中論』全三巻、第三文明社レグルス文庫、一九八四年

三枝充悳『大智度論の物語』(一)、第三文明社レグルス文庫、一九九二年
三枝充悳『大智度論の物語』(二)、第三文明社レグルス文庫、一九九四年
定方晟『カニシカ王と菩薩たち』大東名著選4、大東出版社、一九八三年
定方晟『空と無我――仏教の言語観』講談社現代新書、一九九〇年
定方晟『異端のインド』東海大学出版会、一九九八年
静谷正雄「クシャーナ時代の西北インドの仏教」(『仏教の歴史と文化――仏教史学会三十周年記念論集』同朋舎出版、一九八〇年)
立川武蔵『「空」の構造――『中論』の論理』第三文明社レグルス文庫、一九八六年
立川武蔵『空の思想史――原始仏教から日本近代へ』講談社学術文庫、二〇〇三年
立川武蔵『空の実践――ブッディスト・セオロジー(4)』講談社選書メチエ、二〇〇七年
竹村牧男『インド仏教の歴史――「覚り」と「空」』講談社学術文庫、二〇〇四年
丹治昭義訳注『中論釈――明らかなことば』I・II、関西大学東西学術研究所訳注シリーズ4・10、一九八八年・二〇〇六年
丹治昭義『沈黙と教説――中観思想研究1』関西大学東西学術研究所研究叢刊6、一九八八年
丹治昭義『実在と認識――中観思想研究2』関西大学東西学術研究所研究叢刊6-2、一九九二年
寺田透・水野弥穂子校注『正法眼蔵(上)――原典日本仏教の思想7』岩波書店、一九九〇年
寺田透・水野弥穂子校注『正法眼蔵(下)――原典日本仏教の思想8』岩波書店、一九九一年
中村元・紀野一義訳註『般若心経・金剛般若経』岩波文庫、一九六〇年
中村元『仏教思想6――空(上)』仏教思想研究会編、平楽寺書店、一九八一年
藤田宏達ほか著『仏教思想7――空(下)』仏教思想研究会編、平楽寺書店、一九八二年
中村元『ナーガールジュナ――人類の知的遺産13』講談社、一九八〇年
中村元監修、森祖道・浪花宣明編集『原始仏典』全7巻、春秋社、二〇〇三年~二〇〇五年
中村元訳『ブッダのことば――スッタニパータ』岩波文庫、一九八四年
中村元訳『ブッダ最後の旅――大パリニッバーナ経』岩波文庫、一九八〇年
中村元『龍樹』講談社学術文庫、二〇〇二年
長尾雅人責任編集・服部正明ほか訳『世界の名著1――バラモン教典・原始仏教』中央公論社、一九六九年
名畑應順校注『親鸞和讃集』岩波文庫、二〇〇一年
生井智紹『密教・自心の探求――『菩提心論』を読む』大法輪閣、二〇〇八年
平川彰・梶山雄一・高崎直道編集『講座・大乗仏教1――大乗仏教とは何か』春秋社、一九八一年

平川彰・梶山雄一・高崎直道編集『講座・大乗仏教第二巻――般若思想』春秋社、一九九五年（新装版）
平川彰・梶山雄一・高崎直道編集『講座・大乗仏教7――中観思想』春秋社、一九八二年
平川彰・梶山雄一・高崎直道編集『講座・大乗仏教9――認識論と論理学』春秋社、一九八四年
松本史朗『縁起と空――如来蔵思想批判』大蔵出版、一九九三年（第三版。初版は一九八九年）
山口益『中観仏教論攷』弘文堂書房、一九四四年
山口益『山口益仏教学文集』（上）、春秋社、一九七二年
山口益『山口益仏教学文集』（下）、春秋社、一九七三年
山口益『空の世界――龍樹から親鸞へ』大法輪閣、二〇〇六年
渡辺章悟『般若心経――テクスト・思想・文化』大法輪閣、二〇〇九年
渡辺章悟翻訳『大智度論の物語』（三）、第三文明社レグルス文庫、二〇〇一年

石飛道子……いしとび・みちこ
一九五一年（昭和二十六年）、北海道に生まれる。北海道大学大学院文学研究科東洋哲学専攻博士課程単位取得退学。現在、北星学園大学非常勤講師。専攻はインド仏教、中観思想。著書に『インド新論理学派の知識論――『マニカナ』の和訳と註解』（宮元啓一氏との共著、山喜房佛書林）、『ビックリ！インド人の頭の中――超論理思考を読む』（講談社）、『ブッダ論理学五つの難問』（講談社選書メチエ）、『龍樹造「方便心論」の研究』（山喜房佛書林）、『ブッダと龍樹の論理学――縁起と中道』（サンガ）、『ブッダの優しい論理学――縁起で学ぶ上手なコミュニケーション法』（サンガ新書）、『龍樹と、語れ！――『方便心論』の言語戦略』（大法輪閣）がある。

構築された仏教思想

龍樹――あるように見えても「空」という

二〇一〇年九月二〇日　初版第一刷発行
二〇二五年三月一〇日　初版第六刷発行

著者　石飛道子
発行者　中沢純一
発行所　株式会社佼成出版社
〒一六六―八五三五　東京都杉並区和田二―七―一
電話　〇三―五三八五―二三一七（編集）
　　　〇三―五三八五―二三二三（販売）
URL　https://kosei-shuppan.co.jp/

印刷所　大日本印刷株式会社
製本所　大日本印刷株式会社

ISBN978-4-333-02461-2　C0315

構築された仏教思想

信仰から論理へ――。言語化され有機化された仏教思想。
そのシステムの全貌と本質をラディカルに問い、仏教学の新たな地平を切り拓く刺戟的な試み。

ゴータマ・ブッダ 縁起という「苦の生滅システム」の源泉 並川孝儀
龍樹 あるように見えても「空」という 石飛道子
法蔵 「一即一切」という法界縁起 吉津宣英
空海 即身成仏への道 平井宥慶
親鸞 救済原理としての絶対他力 釈 徹宗
道元 仏であるがゆえに坐す 石井清純
妙好人 日暮しの中にほとばしる真実 直林不退
一遍 念仏聖の姿、信仰のかたち 長澤昌幸
ツォンカパ 悟りへの道―三乗から真の一乗へ 松本峰哲
覚鑁 内観の聖者・即身成仏の実現 白石凌海
蓮如 ともに泣く求道者 佐々木隆晃